U0915277

佛光寺

山西省文物局 编
王炜 著

山西出版传媒集团
三晋出版社

“山西国宝故事”书系编委会：

主　任　刘润民（山西省文物局局长）

副主任　程书林（山西省文物局副局长）
于振龙（山西省文物局副局长）
张元成（山西博物院院长）
郝　平（山西大学历史文化学院院长）

委　员　白雪冰　程书林　郝　平　李　君
胡彦威　贾新田　刘润民　任毅敏
王晓毅　谢尧亭　于振龙　张元成
（按姓氏汉语拼音为序）

主　编　郝　平

写在前面的话

党的十八大以来，以习近平同志为核心的党中央高度重视文化自信和文化建设，强调在加强文化建设中要坚持讲好中国故事、传播好中国声音，铸牢中华民族共同体意识，向世界展现真实、立体、全面的中国，提高国家文化软实力和中华文化影响力，让世界更好地了解中国。2020年5月，习近平总书记在山西视察时，进一步指出文化遗产保护的重要意义：历史文化遗产是不可再生、不可替代的宝贵资源，要始终把保护放在第一位。发展旅游要以保护为前提，不能过度商业化，要让旅游成为人们感悟中华文化、增强文化自信的过程。

山西是中华文明重要的发源地，更是数千年中华文明史重要的实践地，山西以其独特的自然和人文环境，留下了丰富的遗迹、遗物。山西省目前有国保单位531处，高居全国之首，为深入开展“百万年的人类史、一万年的文化史、五千多年的文明史”研究，提供了丰富的实物资料。

为深入贯彻落实习近平总书记讲好中国故事、传播好中国声音的要求，以及视察山西时关于保护和利用好文化遗产的重要指示，进一步把山西省文化遗产所蕴藏的优秀传统文化精神标识和具有当代价值与世界意义的文化精髓提炼展示出来，不断提升中华文化影响力，山西省文物局与山西大学以山西省全国重点文物保护单位为依托，共同开展了“讲好山西国宝级文物故事”活动，并将其成果以“山西国宝故事”丛书奉献给广大读者。

此次选定的山西国宝文物包括山西省的三大世界文化遗产地、国务院首批公布的全国重点文物保护单位以及在全国同类遗存中具有重大文化价值的遗存共20处。这20处国宝大致可分为四类。

第一类是世界文化遗产。享誉中外的三大世界文化遗产，是我省的闪亮名片。云冈石窟代表着石窟艺术“中国化”的开始，壮丽的典型皇家风范造像，代表了公元5世纪世界雕刻艺术的最高水平，成为中西文化交流的历史丰碑。冰缘地貌、五峰聚立的佛教圣地五台山，是我国唯一兼有藏传佛教和汉地佛教的道场，是东亚乃至世界现存最庞大的佛教古建筑群，各类庙宇交相辉映，多民族文化和谐共存，同时也是艺术的殿堂，雕、镂、彩、绘，各呈奇异，钟、鼓、碑、匾，琳琅满目。保存最完整的古代县城平遥，是中国汉民族在明清时期的杰出范例，曾是中国金融业的中心，四四方方的城墙、整整齐齐的街道布局，车水马龙，人声鼎沸，盛满了城市过往的浓厚记忆，被称为研究中国古代城市的活样本。

第二类是古建宝刹。“地上文物看山西”，山西是名副其实的中国古建筑宝库。古建与土木匠作、髹漆彩画、造像雕塑、琉璃烧造、模型搭建等文化遗产，共同构成类目齐备、保存完整的文化遗产体系，在我国乃至世界范围内独一无二，具有“时代最早、数量最多、类型齐全、形式优美”的特点。其中有梁思成眼里的“中国第一国宝”佛光寺；有我国现存最古老的木结构佛教建筑南禅寺大殿；有精美绝伦的元代水神庙壁画，有保存最完好的飞虹琉璃塔的广胜寺；有被誉为世界三大奇塔之一的应县木塔；有见证民族交融的华严寺；有国内现存布局最完整、规模最宏大的辽金佛寺善化寺；有悬挂在山崖峭壁上，佛、道、儒三教合一的独特寺庙悬空寺；有保存着中国古代寺观壁画巅峰之作的永乐宫；有现存最早的皇家园林，三晋历史文脉的重要载体晋祠；有始建年代最早、规模最大、档次最高、保存最全的关帝庙宇解州关帝庙。

第三类是考古遗址。从古人类文化遗址、帝都古城到陵寝墓葬，考古类遗址为研究中国文化源流，解开尘封历史提供了珍贵的实物资料。这一类包括了远古人类打制石器的现场，中国旧石器时代中期的代表性文化遗址丁村遗址；华夏文明的源头，被称为“最初中国”的陶寺遗址；展示盛衰交替晋文化的晋国始封地与早期都城曲村—天马遗址；晋国晚期都城侯马晋国遗址。

第四类是历史遗存。说不尽的人文，道不尽的故事。汇通天下的百年票号日昇昌旧址，几经风雨沧桑、几经商海沉浮；平型关战役遗址，代表了中国共产党领导的八路军正面抗日取得的首次胜利，极大地鼓舞了全国军民抗战到底的信心，提高了共产党和八路军的威望；华北抗日根据地的指挥中心武乡八路军总司令部旧址，曾是百团大战的发起地，书写了抗日军民浴血奋战、威震敌胆的英勇事迹。

从古人类文化遗址、帝都古城到宝刹石窟、险堡雄关、革命圣地……整个山西就是一部浓缩的中华文明史诗，见证着中华历史的沧桑演变，体现了中华文明的连续性、创新性、统一性、包容性、和平性。讲好山西国宝故事，是讲好中国故事非常重要的组成部分，也是传播好中国声音，铸牢中华民族共同体意识，向世界展现真实、立体、全面的中国的有益实践。站在新的历史起点，我们浸润于三晋大地的优秀传统文化之中，通过“第二个结合”，更加坚定文化自信，共同努力创造属于我们这个时代的新文化，建设中华民族现代文明，铸就中华文化新辉煌。

丛书编委会

目录

序言

佛光寺是个神奇的地方!

我前往佛光寺考察已近 20 次，有时是带领学生进行文化遗产参观，有时是陪同研究古建筑的同仁前往“朝圣”，有时是给远道而来的客人做导游和讲解，有时是为自己的科研项目搜集资料和拍摄素材。到访次数的不断增加，未曾令我生厌，反而喜爱笃深，渴望告诉这个世界上的每一个人——“佛光寺是个神奇的地方”。

2014 年 9 月的一天，我第一次拜访佛光寺。山西省考古研究所（2020 年改称“山西省考古研究院”）当时对佛光寺开展考古调查工作，我有幸与几位同事一起前往观摩，当天晚上就住在寺内。

那是令人兴奋的一天。乡间公路上，随车飞卷的落叶与我急迫的心情相伴；初入寺庙，我感到如同朝圣者抵达圣地时的目不暇接和心悸神摇；夕阳西下，我们身披金色余晖走在寻访古塔的小径上，满心充实。佛光寺的夜，漆黑而宁谧，但我久久难以入眠，一幕幕难忘的场景和兴奋的经历在脑中不断盘旋。次日清晨，我们在吃早饭时路过庭院，可见大殿巍峨高耸、清晰可见；大约 15 分钟后，当我们吃完早饭再次路过庭院时，大殿已被薄雾掩藏，形影绰约。“雾隐佛光”，这四个字清晰地出现在我的脑海中，至今记忆犹新(图一)。

这雾是气候之雾，“五台山上雾烟浮，雾散台分山自幽”。

明·汪藻《过五台山》，诗碑现存佛光寺文殊殿檐下。

这雾也是历史之雾，提醒我们关于佛光寺还有众多谜团需要探究。

2019 年 4 月的一天，我同浙江大学建筑设计研究院的朋友们去佛光寺考察，走进庭院，春树繁花，香气弥漫，我们享受了一个温暖、舒适的上午（图二）。就在两天以后，我的一位朋友前往佛光寺，他看到的景象却是雨雪交加，曾经绽放的花树连同猝不及防的游客都被突如其来的风雪摧残，仿佛肃杀的冬天又回来了（图三）。

佛光寺中有四季，只不过这里的四季不仅会顺序播放，偶尔还会随机插播。

不论气象还是四季，都附丽于佛光寺独特的地理。佛光寺所处的小型盆地，一方面与五台山脉山水相连，浑然一体，另一方面群峰连峙，唯西有缺，在大气候下容易形成相对独立的小气象。我曾亲身遇到，当佛光寺大雨如注时，距离它不到 6 千米的豆村镇却阳光普照。明人王纬在《题佛光寺和汪寅长韵》一诗中写道：“两峰相峙尤高耸，一殿随山列上头”；清代《佛光寺重修东殿碑记》记载，“南

明·王纬《题佛光寺和汪寅长韵》，诗碑现存佛光寺文殊殿檐下。

图一 雾隐佛光（自摄）

图二 佛光寺春花（自摄）

图三 佛光寺春雪（闫鑫 摄）

图四 营造学社调查照片（营造学社 摄）

图一 | 图四

图二 | 图三

峰北峰竞秀左右，而殿独宏伟雄奇，巍巍中立，诚钜（巨）观也”，描写的都是佛光寺的非凡景观。

石碑现存佛光寺东大殿檐下南侧。

佛光寺身处丘壑之间，也将丘壑纳入自己的胸怀，吞吐盈虚。

佛光寺还是一个有故事的地方。最著名的一个应该是1937年的那个夏天，梁思成、林徽因等先哲走进了这里，在此度过了“多年来寻找古建筑最快乐的时光”（图四）。如今的殿宇、塔幢、塑像、壁画等，仍与他们到访时一般模样，仿佛他们刚刚离开，尚未走远。当我们在大殿前远眺大好河山，或者攀登后山寻访古迹时，难免想起他们的音容笑貌和隽永文句。

这里有梁思成、林徽因的故事，也会有你和我、你们和我们的故事。

佛光寺中有气象。

佛光寺中有四季。

佛光寺中有丘壑。

佛光寺中有故事。

不仅如此，这里还有悠久而连绵的历史、古老而宏伟的建筑、珍稀而璀璨的艺术等等。凡此种种，天然造化与人工杰作相结合，共同构成了佛光寺的种种神奇。

希望大家都有机会见证佛光寺的神奇（图五）。

第一章　山西·佛光

创立
兴盛
复兴
胜状
奇遇

佛光寺位于今山西省忻州市五台县豆村镇佛光新村东南。

如果从高空俯瞰，五台山宛若莲花。台怀是深藏其中的花蕊，五台是遗世独立的内层花瓣，台外是交相掩映的外层花瓣。佛光寺

狭义的五台山是指五座主峰环抱的区域，以台怀镇为中心，总面积336平方千米，即五台山风景名胜区，被称为“台内”。广义的五台山包括整座山脉四向延伸的跨越之地，总面积6350平方千米。除台内以外的地域，均被称为“台外”。

坐落在重瓣之间，千载光阴，白云苍狗，留下的不仅是佛风遗韵，还有珍贵的建筑遗产。

在冠绝海内的山西古代木结构建筑中，佛光寺东大殿是时代最早的建筑之一，是国内现存唐代建筑中最宏伟、最壮丽，也是最早被发现的一座。正如罗哲文先生所说：

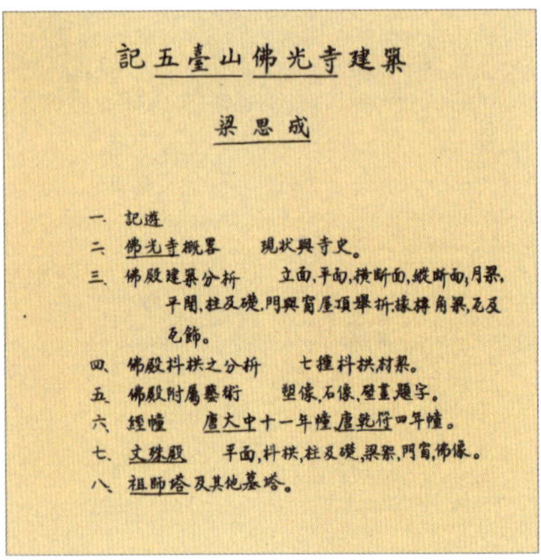
記五臺山佛光寺建築

梁思成

一、記遊
二、佛光寺概畧　現狀與寺史。
三、佛殿建築分析　立面，平面，横断面，縱断面，月梁，平闇，柱及礎，門與窗屋頂舉折，椽檐角梁，瓦及瓦飾。
四、佛殿枓栱之分析　七種枓栱材栔。
五、佛殿附屬藝術　塑像，石像，壁畫題字。
六、經幢　唐大中十一年幢，唐乾符四年幢。
七、文殊殿　平面，枓栱，柱及礎，梁架，門窗，佛像。
八、祖師塔及其他墓塔。

图一 梁思成《记五台山佛光寺建筑》（《中国营造学社汇刊》第7卷一期）

山西五台佛光寺，是我国现存有具体年代可考的唐代两座木构之一。南禅寺虽然年代稍早几十年，但在规模、结构、建筑群体，艺术内容和原真性等等方面，佛光寺又远远过之。以木构古建筑的整体建筑价值来说，堪称全国之最，无与伦比。[1]

想要走进佛光寺，我们不仅需要驱车前往，亲身体验，而且需要追溯时光，了解过往。

梁思成先生等人在 1944 年 10 月发表的佛光寺建筑调查报告——《记五台山佛光寺建筑》中，第一部分是“记游”，记述了他们的考察经历；第二部分是“佛光寺概略——现状与寺史”，简明扼要地描述了“现状”，钩稽史料梳理了“寺史”，之后才是对东大殿、文殊殿、祖师塔等建筑的具体介绍[2]（图一）。这样的篇章布局由浅入深、引人入胜，时至今日仍然可以借鉴，所以我们的讲述也将从佛光寺的历史开始。这个选择主要基于两方面的考虑，一则是向梁思成先生等营造学社的前辈致敬，他们撰写的古建筑调查报告中，“寺史”往往是我最感兴趣的部分；二则是为大家更全面地了解佛光寺的历史和文化内涵提供背景知识。

在我看来，还原佛光寺的历史感，就是营造现场感。

一、创立

五台山是我国著名的佛教名山。佛教传入五台山的时间，有东汉和北魏两说。南禅寺旧藏的北魏石塔以及下文将会提及的佛光寺旧藏的北齐石造像，都证明五台山及附近地区不晚于北魏已经有了佛教遗迹（图二）。

佛光寺的创立时间应在北魏。据唐代释慧祥所著《古清凉传》卷上"古今胜迹"记载：

图二 佛光寺远景（自摄）

南台。灵境寂寞，故人罕经焉。台西有佛光山，下有佛光寺，孝文所立。有佛堂三间，僧室十余间，尊仪肃穆，林泉清茂。

北宋释延一所著《广清凉传》卷上“释五台诸寺方所”记载：

佛光寺，燕宕昌王所立。四面林峦，中心平坦。宕昌王巡游礼谒，至此山门，遇佛神光，山林遍照，因置额名“佛光寺”。

一说“孝文所立”，一说“燕宕昌王所立”，看似矛盾，但非不可调和。

北魏孝文帝于延兴元年（471）即位，在他即位之后，五台山地区兴建佛寺的记载陆续见于史册，除佛光寺外，中台的大孚图寺（又名“大孚灵鹫寺”）、清凉寺等皆传为孝文所立。如果佛光寺确与孝文帝有关，兴建时间当不晚于孝文帝迁都洛阳之前，即太和十八年（494）。

宕（tàn）昌为西羌部族，据《魏书·宕昌传》记载，“世祖（即道武帝）初，（梁弥忽）遣子弥黄奉表求内附，世祖嘉之，遣使拜弥忽为宕昌王，赐弥黄爵甘松侯”。这是“宕昌王”之始封。此后，宕昌与北魏保持了比较友好的关系，

“岁以为常，朝贡相继”。据《魏书·高祖纪下》记载，宕昌曾在太和年间数十次“遣使朝贡”，但是宕昌王亲自入朝只有一次，“（太和十六年八月）丙午，宕昌王梁弥承来朝”。次年正月，孝文帝诏赐“边君蕃胤”以“车旗衣马”，宕昌所获尤为优厚，可知宕昌王当时尚在都城，留居已逾半年。

前引《魏书》“宕昌”一节中也有相关记载，“后高祖（即孝文帝）遣鸿胪刘归、谒者张察拜弥机征南大将军、西戎校尉、梁、益二州牧、河南公、宕昌王。后朝于京师，殊无风礼。……于是改授领护西戎校尉、灵州刺史，王如故，赐以车骑、戎马、锦彩等，遣还国”。有学者根据后一处记载中“后朝于京师”等语，认为（梁）弥机是“第一位朝于京师的宕昌王”[3]，恐不确。据《魏书·高祖纪上》记载，“（太和二年）三月丙子，以河南公梁弥机为宕昌王”，此后直到太和九年（485）才见到宕昌再次入朝的记载，“（太和九年）三月丙申，宕昌国遣使朝贡”“（七月）癸未，遣使拜宕昌王梁弥机兄子弥承为其国王”。入朝和遣使相距时间如此接近，说明宕昌遣使入朝很可能是向北魏朝廷通报王位更迭，北魏随后遣使予以册封承认。既然《高祖纪》将宕昌数次入朝一一记录在案，就不可能偏偏在太和二年至九年间，将宕昌王亲身入朝这样的重要事件漏记。所以“后朝于京师”应与“梁弥承来朝”为同一事。两处记载中，宕昌王受赐之物近同，可以进一步证明这一点。

宕昌王亲身入朝正好发生在孝文帝迁洛之前，恐怕不是巧合，所以“孝文所立”和“燕宕昌王所立”二说并没有本质矛盾。严耕望先生对此的解释是，“盖宕昌王获孝文敕许而兴建，故得通称孝文耳”“《广传》所记宕昌王巡礼五台山，创置佛寺，盖即此次来朝时事”[4]。宕昌王梁弥承在太和十六年（492）八月入朝，十七年（493）正月接受诏赐以后，因“殊无风礼”被“遣还国”，“巡游礼谒”五台山最有可能发生在太和十六年。也就是说，如果《古清凉传》《广清凉传》的记载以及我们的相关推论可靠的话，佛光寺的创建时间应为北魏太和十六年，距离今年（初稿撰写于 2022 年）正好 1530 年。

1500 余年间，佛光寺有史载、有遗存、未易址、未更名，在中国古往今来的寺庙中可以说是独一无二的。所有这一切，都始于宕昌王梁弥承的奇遇——“遇佛神光，山林遍照”。当我为撰写本书，寓居佛光寺时，也曾反复琢磨——那天究竟是怎样一幅奇景？

也许是一次光束穿云的丁达尔现象？

我曾在佛光寺附近多次目睹此种现象，但很难达到“山

图三

佛光寺落日（杨晓芳 摄）

林遍照”的效果。

也许是云雾缥渺时，类似“峨眉宝光”的景象？

佛光山的地质和气象条件与峨眉山大不相同，也没有找到可靠的目击记录。

当我坐在东大殿檐下，看到日轮西斜，夕阳在远方的山峦上流光溢彩、气象万千，忽然想到那应该是一场落日。因为只有落日将余晖洒满大地，才能做到“山林遍照”（图三）。

佛光山的地形，唯西有缺，佛光寺的选址，坐东朝西，似乎全是为了欣赏落日准备的。

那一定是一场辉煌的落日！

那是怎样辉煌的一场落日！

二、兴盛

北魏、东魏和北齐等政权统治者都崇奉佛教，五台山因此备受重视，寺院创建，殿宇添置，僧侣众多，供养丰厚，形成了较为繁盛的局面。北周武帝于建德三年（574）下诏，“初断佛、道二教，经像悉毁，罢沙门、道士，并令还民”（《周书·武帝纪上》），开始了规模浩大、影响深远的灭佛活动。建德五年（576），北周军队攻克晋阳，结束了北齐政权在山西大部分地区的统治。灭佛活动随即波及北齐旧境，五台山佛教受到了严重打击，佛光寺也未能幸免。

灭佛活动在北周武帝驾崩后（578）终止，此后“大隋开运，正教重兴，凡是伽蓝，并任复修”（《古清凉传》）。这时复兴佛光寺的是解脱禅师，他也是佛光寺史中第一位能够查考到确切生平的名僧，相关事迹见于《续高僧传》《古清凉传》《广清凉传》《华严经传记》等书，其中以《古清凉传》所记最为详细。

我们可以从这些记载中了解到，解脱禅师佛法修行高深，最典型的事例是他与文殊菩萨的一次问答。据《古清凉传》记载，“解脱禅师既蒙大圣指示心印，乃谦卑自牧，专精侍众。厥后，大圣躬临试验。脱每清旦为大众营粥，大圣忽现于前，脱殊不顾视。大圣警曰：‘吾是文殊！吾是文殊！’脱应声曰：‘文殊自文殊，解脱自解脱。’大圣审其真悟，还隐不现。”这句“文殊自文殊，解脱自解脱”富含佛理，“解脱”可以理解为“解脱和尚”，意即不管文殊还是解脱，不管菩萨还是禅师，乃至食粥大众，都是独立、完整的个体，无高低贵贱之分，体现了佛家宣扬的“众生平等”思想；“解脱”还可以理解为“求得解脱”，意即修行不应依赖于外部力量的点化，而应“因自内寻”，自求解脱。这是一句相当精妙的答语，乃至数百年后，曾任北宋宰相的张商英参诣佛光寺，阅碑读史及此，“喟然叹曰，真丈夫哉！”（《续清凉传》）

解脱禅师为一代名僧，使他可以为佛光寺走向兴盛作出更多贡献。慧祥在《古清凉传》中描述的场景——“有佛堂三间，僧室十余间，尊仪肃穆，林泉清茂”，大抵就是解脱禅师“重加修建”佛光寺后的面貌，是我们目前所知对佛光寺建筑的最早描述。解脱禅师足不出寺四五十年，吸引了大量信众前往朝拜求学，《续高僧传》说“在山学者，来往七八百人”，《古清凉传》说“学成禅业者，将千余人”。因为人数太多，以至于“瓶钵绳床，映满林薮”，“灵境寂寞”的佛光山谷成了人声鼎沸的露宿营地。解脱禅师圆寂之后，仍不断有僧侣信众前往寻访，唐代名僧会赜（zé）等亲往瞻仰，印度普化大师在五代时期"奔赴佛光寺……焚香解脱师前"，北宋张商英寄住佛光寺时，寺僧仍说"此解脱禅师道场也"。有唐一代，佛光寺在寺庙林立的五台山始终占有一席之地，得益于解脱禅师打下的坚实基础（图四）。

解脱禅师之后，下一位比较重要的僧人是乘方禅师，他进一步修缮和扩建了佛光寺。据《广清凉传》载，"（乘方禅师）即解脱和尚之孙也……绍其高躅，再修梵宫，台殿横空，等级相次……示

应为法孙，非亲孙。

灭于寺，肉身犹在，有碑，居寺西一里”。从“台殿横空，等级相次”的描述来看，佛光寺最具标志性的台阶式建筑布局就是此时出现的。

佛光寺历史上最宏伟、壮丽的建筑——“弥勒大阁”是在法兴禅师时修建的，时间约在8世纪末至9世纪初。他的事迹除了见诸文献记载，还见于佛光寺后山铭刻于贞元十一年（795）的大德方便和尚塔的塔铭。这块塔铭不仅叙述了方便和尚的生平事迹，而且记载“佛光精舍”“寺主法兴”虽非方便门人，但是仰慕大德，协理后事，备受感激。法兴禅师于大和二年（828）圆寂，如果此时已被称为“寺主”，说明他执掌佛光寺长达30余年，贡献突出、影响深远。

三、复兴

接替法兴禅师执掌佛光寺的应该是行严禅师，他是随后复兴佛光寺的名僧——愿诚的老师，参考《广清凉传》中的记载，他至迟在大和五年（831）已任佛光寺僧正，“以大中三年（849）右胁而灭，建塔寺西一里云”。在行严禅师主持寺务的十几年间，最重大的事件无疑是“会昌法难”。这场风暴从长安开始，席卷天下，五台山佛教再次受到严重打击。佛光寺最辉煌的时代从此画上了句号，以后虽有恢复，但再未曾超越。

开成五年（840），当绝大多数人尚未觉察到那场风暴已经开始酝酿的时候，一位日本僧人前往五台山巡礼，并详细记载了所见所闻，为我们了解五台山佛教的极盛时刻保留下了珍贵资料，他就是圆仁。同年七月，他从五台山前往即将成为风暴中心的长安[5]，在这段行程的记载中，金阁寺、灵境寺、法花（华）寺等至今犹存，其中最令人遗憾的是，他虽然在法华寺得知了佛光寺，但并未前往探访，否则一定可以为我们留下关于鼎盛时期佛光寺的详细记录。这份擦肩而过的遗憾，直到一千多年后才被另一位日本僧人小野玄妙填补。

会昌六年（846）三月，唐武宗驾崩，“会昌法难”随即结束。当风暴逐渐平息，承担起复兴重任的是愿诚禅师。据《宋高僧传》《广清凉传》等文献记载，愿诚“诣五台山，依佛光寺僧正行严为师”“武宗世，诛剪释门，师执志未改。宣宗皇帝即位，重兴佛寺，山门再选，召师为其首，特许修营佛光一寺”（《广清凉传》），“遂乃重寻佛光寺，已从荒顿，发心次第新成”（《宋高僧传》）。

愿诚禅师面临的任务是十分艰巨的，一方面需要维修已经“荒顿”的弥勒大阁等残存建筑，另一方面还要增添新的建筑以代替被毁建筑，这无疑需要投入大量的人力、物力等。在此过程中，他展示了出众的能力，为佛光寺争取到了来自长安的有力支持，一则在五台山诸寺中较早获准“特许修营”，二则争取到了有力的资助，其中最重要的施主就是“上都（即长安）送供女弟子宁公遇”（图五）。有了宁公遇等一众施主的大力支持，愿诚新建了佛光寺现存最宏伟、壮丽的建筑——东大殿。东大殿前的佛顶尊胜陀罗尼经幢建造于大中十一年（857），其上镌刻的 130 多个人名中，只有愿诚和宁公遇的名字前面冠以“佛殿主”的称号，说明他们与东大殿有着更为紧密的关联。得益于

图五 图六

图五 佛光寺东大殿宁公遇像（营造学社 摄）

图六 林徽因勘测经幢（营造学社 摄）

愿诚等人的尽心竭力，佛光寺殿阁兼具，再度复兴。

我们从上述事迹可以看出，愿诚禅师不仅是一位五台山名僧，还与京城有着千丝万缕的联系，可以算是一位具有全国影响力的高僧，他也是佛光寺在唐代的最后一位高僧。乾符四年（877），愿诚以“功德主山门都检校赐紫沙门”的身份参与了另一座佛顶尊胜陀罗尼经幢的修建。这座经幢至今依旧完好地竖立于佛光寺文殊殿前，体量高大，装饰华美。林徽因先生曾在 1937 年登上木梯对它进行测绘（图六），那张老照片令很多人印象深刻。

光启三年（887），愿诚禅师在他苦心持护 30 余载的佛光寺圆寂，“右胁曲肱寂然长往，建塔树碑寺之西北一里也”（《宋高僧传》）。此时距离唐王朝的灭亡只剩了 20 年，佛光寺的辉煌时期已经接近了尾声。

四、胜状

敦煌莫高窟第 61 窟保存了一幅著名的壁画——《五台山图》，这幅壁画长 13.45、高 3.42 米，是莫高窟面积最大的单幅壁画，规制宏大，图像复杂，榜题翔实，绘制精妙。有学者根据壁画中“湖南送供使”“永昌之县”等线索，考订壁画画稿的创作时间应是五代，应略早于绘制时间，这自然有其道理；但是壁画中如此纷繁复杂的内容显然不是一蹴而就的，应该经过长期的积累和完善。

《五台山图》在唐朝初年已经见诸文献。据《古清凉传》等文献记载，会赜禅师于龙朔二年（662）奉敕前往五台山“检行圣迹”，返回长安后，“具已奏闻，深称圣旨”，“又以此山图为小帐（或作‘张’），述《略传》一卷，广行三辅”。所谓“山图”即《五台山图》，因为它记录和描绘了文殊菩萨在五台山的诸多化现灵迹，是联系五台山与文殊菩萨的重要信仰纽带。会赜所绘的是《五台山图》目前所知的最初版本，绘成后“广行三辅”，具备了较大的社会传播力和影响力，所以随着文殊菩萨及五台山信仰的繁盛，后世的增益多半是以此图为基础，而不是凭空重绘。如果这个推论成立的话，我们今天虽然已经无法看到会赜的《五台山图》，但它应该被吸收融会到了敦煌莫高窟的《五台山图》之中。在这幅壁画中，佛光寺占据了比较突出的位置（图七），寺院台基低矮，廊庑环绕，四角有阁；院内有高大台基，上有一座面阔三间的楼阁式建筑，上、下层之间有明显可见的平座结构，说成三层也未尝不可，不知道是不是代表“三层七间”的弥勒大阁？院内还有一位在高座中结跏趺坐的僧侣，正在接受僧俗礼拜。翻检佛光寺唐代名僧们的事迹，此人为解脱禅师的可能性最大。根据《法苑珠林》的记载，会赜曾亲往佛光寺，目睹“（解脱禅师）遗踪坐窟，身肉不坏，已积十年”，会不会就是他把解脱禅师的形象和事迹绘入《五台山图》之中？

我们今天可能很难想象，在1000多年以前，2000多千米外的莫高窟竟能保存着五台山最丰富、最全面的图像记录。莫高窟现存的《五台山图》至少7例，绘制时代从唐代中期至五代，在附近的榆林窟等地还保存有西夏时期《五台山图》[6]。不仅如此，敦煌遗书中还保留了大量与五台山有关的写卷，如《五台山赞》（20件）、《五台山曲子》（5件）、《五台山圣境赞》（3件）、《往五台山行记》等[7]，这些都显示了五台山信仰在敦煌地区的流行。

北宋时期在佛光寺留下的印迹，除了寥寥无几的墨书

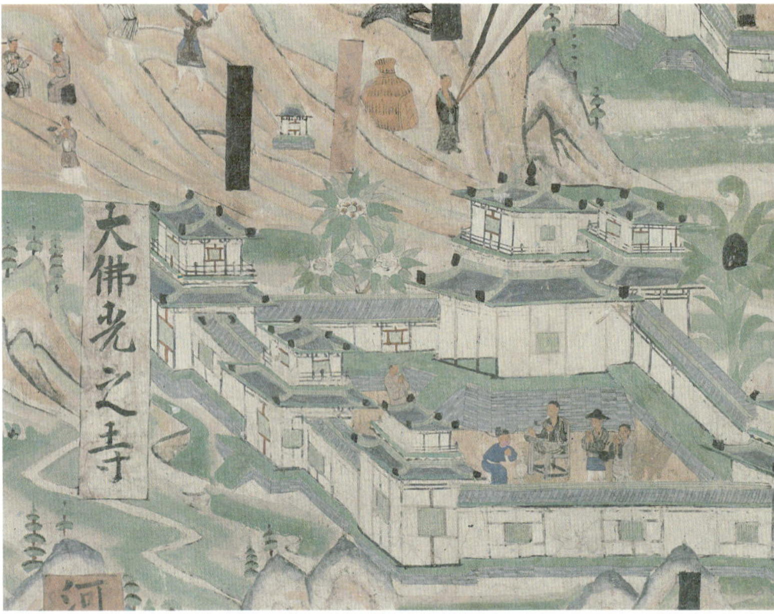

图七

敦煌莫高窟第61窟《五台山图》中的"大佛光之寺"（敦煌研究院提供）

题记以外，仅有 1 通元祐四年（1089）的残碑，内容还主要与“竹林寺”有关。因为缺少相关的建筑实例和文献记载，我们无从了解这一时期的具体发展状况。

佛光寺在金代再度兴盛，进行了大规模的修缮和扩建，所以现存的明代碑刻中概括——“（佛光寺）创建于大唐，重修于大金”，唐、金并举，是充分肯定。保存至今的金

《重修佛光寺补塑罗汉之碑》，明嘉靖三十七年（1558），现存东大殿前檐。

代建筑中，最重要的是文殊殿，它建于天会十五年（1137），我们将在下文详细介绍。

今天的佛光寺仍然以东大殿和文殊殿为最重要的建筑，它们已栉风沐雨、携手同行将近 900 年。塔坪建筑群中有 2 座金代砖砌花塔，其中一座建于泰和五年（1205），都应属于佛光寺的僧侣。

佛光寺的大型营建活动在金代以后基本停止了，后代主要是小打小闹、修修补补。文殊殿的琉璃脊刹带有“至正拾壹年（1351）”题记（图八），应是元代添配。东大殿的琉璃脊刹等与文殊殿的十分相似，可能也是元代遗物。

元明之际，佛光寺逐渐没落，以致于本随禅师在宣德

四年（1429）前来游礼时，“此寺无僧住”。本随及其门徒力图振

东大殿铁钟铭文，明宣德五年（1430），现存东大殿前檐。

兴，至今留有大量遗迹、遗物，但究其效果，也仅是维持而已。佛光寺不仅不再全国知名，而且在五台山也不再是一线寺庙。明代到访过五台山的游客中，徐霞客应属最著名的人物之一，可惜的是佛光寺根本没能引起他的注意。

佛光寺文殊殿前立有3通诗碑（图九），均为明人作品，值得细细品读。

首先，这些诗歌均为作者途经时所作，并非专程拜访，说明这时的佛光寺只是南北交通线上一个可选的投宿点。从诗文中经常出现“塞秋”“边尘”之类的辞藻推断，这些作者大都为边事奔波，偶寄闲情。其次，诗作中常见“幽”“野”之类的字眼，如《过五台山》中的“雾散台分山自幽”，《题佛光寺和汪寅长韵》中的“崎岖过此景偏幽”，《重经再宿佛光寺》中的“重来野寺寄行窝”，《次韵书怀》中的“世事风飘与浪浮，尘纷坐久慕清幽”等，都反映了佛光寺在这一时期的落寞。

图八——图九

图八 佛光寺文殊殿脊饰（自摄）

图九 佛光寺文殊殿前诗碑（自摄）

五、奇遇

明清时期的寂寂无闻，对于佛光寺来说自然是明珠蒙尘，但正如梁思成先生所说：“因为香火冷落，寺僧贫苦，所以修装困难，就比较有利于古建筑之保存”；柴泽俊先生也说过，“东大殿能历经千年而完整保存至今的一个重要原因是佛光寺在五台之外，比起其他寺院来说，游客较少，香火冷落，布施亦微薄，大修大建的经济来源较贫乏，因而变动不大”[8]。我们现在前往五台山的话，很容易注意到台怀及附近有很多寺院或扩建或新建，处于忙碌的施工之中，佛光寺如果厕身其中，唐代的东大殿和金代的文殊殿恐怕很难保存下来。

佛光寺这颗蒙尘的明珠，等待着慧眼识珠的访客。

距今 100 年前，一位叫作小野玄妙的僧人走向了佛光寺，拉开了近代以来佛光寺考察的序幕。小野玄妙（1883—1939），日本神奈川县横滨人，是近代著名的佛教学者。他之所以前往五台山巡礼，在行记中有明确记载，“余来五台之心愿，在于参拜与搜索石佛，及寻灵仙三藏法照禅之遗迹”[9]。圆仁当年是由五台山前往太原，小野就参考他的路线，按反方向由太原前往五台山。圆仁虽然与佛光寺擦肩而过，毕竟在“行记”中留下了记录，法照禅师的事迹中刚好也提到了佛光寺，最终促使小野决定前往一探究竟。1922 年 9 月 10 日，他与摄影师平田饶考察并夜宿佛光寺，拍摄了目前所知最早的佛光寺照片（图一〇）。

小野玄妙注意到了东大殿内宏伟的塑像群，认为“尚可推知为唐代物”，还注意到了寺内 2 座带有唐代纪年的经幢，并为大中十一年幢制作了局部拓片。但是，他缺乏与古代建筑有关的知识储备，只是说“佛殿外之建筑皆新”，完全没有想到内有唐塑、外有唐幢的大殿会不会是唐构。

小野玄妙在考察结束后很快发表了行记及照片，引起了日本学者关野贞、常盘大定等的注意，在将小野拍摄的照片收入他们编辑的《中国佛教史迹》《中国文化史迹》的同时，于 1925 年委托太原美丽兴照相馆馆主前往佛光寺补充拍摄照片。但是，他们一直未曾实地考察佛光寺，也没有意识到佛光寺在建筑史研究方面的重大价值。

圆仁错过了佛光寺。

小野玄妙只是拍摄了佛光寺。

常盘大定和关野贞没看懂佛光寺。

图一〇—图一一

大佛光寺全景（小野玄妙　平田饶　摄）

图一一

营造学社拍摄的佛光寺照片（营造学社　摄）

归根到底，佛光寺还是中国人的佛光寺，它的真正价值需要中国人去揭示。

1937年6月，营造学社的梁思成、林徽因、莫宗江和纪玉堂等先贤入晋：

抵五台县城后，不入台怀，折而北行，径趋南台外围。乘驮骡入山，峻路萦回，沿倚崖边，崎岖危隘，俯瞰田畴。坞随山转，林木错绮，近山婉婉，远峦环护，势甚壮。旅途僻静，景至幽丽。至暮，得谒佛光真容禅寺于豆村附近，瞻仰大殿，咨嗟惊喜。国内殿宇尚有唐构之信念，一旦于此得一实证。……此不但为本社多年来实地踏查所得之唯一唐代木构殿宇，实亦国内古建筑之第一瑰宝。

凭着多年从事古建筑调查和研究的经验，梁思成先生等“一望而知”佛光寺东大殿为唐代殿宇（图一一），下一个问题，甚至可以说更关键的问题是如何找到旁证，使建筑年代成为“铁案”？

早在1933年，梁思成先生等在考察正定古建筑时，就注意到了开元寺钟楼，“若说它是唐构，我也不能否认”，还注意到了县文庙大成殿，“我很疑心它是唐末五代遗物”[10]。前者现在一般认为其下半部分为唐代建筑，但在当时，因为缺少足够的辅证，梁思成先生采取了更慎重的态度，未做草率判断。这次林徽因先生在关键时刻发挥了重要作用，也就是很多朋友可能听说过的“远视眼事件”。梁思成先生记载了原委：

梁底距地两丈有奇，光线尤不足，各梁文字，颇难确辨。审视良久，各凭目力，揣拟再三，始得官职一二，不辨人名。徽因素病远视，独见“女弟子宁公遇”之名，甚恐有误，又细检阶前经幢建立姓名。幢上有官职者外，果亦有“女弟子宁公遇”者称“佛殿主”，名列诸尼之前。“佛殿主”之名既书于梁，又刻于幢，则幢之建造当与殿为同时。即非同年兴工，幢之建立要亦在殿完工之时也。殿之年代于此得征。

1937 年的那个夏天，几乎就是营造学社发现佛光寺的最后机会，就像一场扣人心弦的足球赛到了加时阶段仍没有进球，而梁思成先生等不仅利用这仅有的机会找到了佛光寺，并且在非常有限的时间内找到了证明佛光寺准确年代的铁证。这是何等的奇遇！

佛光寺的价值从此被科学、完整地揭示出来，正如梁思成先生所说，“佛殿建筑物，本身已经是一座唐构，乃更在殿内蕴藏着唐代原有的塑像、绘画和墨迹，四种艺术萃聚在一处，在实物遗迹中诚然是件奇珍”。从这个意义上来说，梁思成先生等是它当之无愧的发现者（图一二）。

图一二

他们“最后访墓塔于岩后坡上，松林疏落，晚照幽寂；虽峰峦萦抱亘古胜地，而左右萧条，寂寞自如。佛教迹象，如随高僧圆寂。唐代一时之盛，已渺不可追，亦不禁黯然矣”。

当你读过《古清凉传》和《广清凉传》中对佛光寺的记载，看到“灵境寂寞”“山林遍照”等字眼时，你就能读懂梁思成等人当年为何会写下“寂寞自如”“晚照幽寂”等话语；当你在佛光寺目睹一场辉煌的落日，你才能真正体会到“渺不可追”的遗憾和“不禁黯然”的神伤。

在一场“山林遍照”的辉煌落日中，佛光寺在林泉间诞生。

在另一场“晚照幽寂”的辉煌落日中，佛光寺从寂寞中被重新发现。

所幸的是，千载寂寞之下，夕阳依旧，塔殿犹存。

在我看来，每个中国人都应该欣赏一次佛光寺的落日……

第二章 “营造”之前的营造

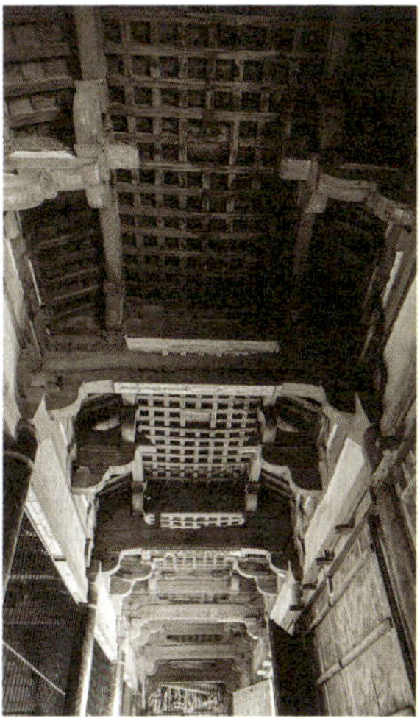

台基
屋身
屋盖
附属艺术
小结

本章标题中的第一个“营造”是指《营造法式》，第二个“营造”是指一般意义上的修筑建造。

《营造法式》在北宋神宗年间由将作监编修，元祐六年（1091）成书。由于存在缺乏用材制度等内容的不足，所以哲宗绍圣四年（1097）又由将作监少监李诫奉敕重修，元符三年（1100）编成，崇宁二年（1103年）刊印颁行。

此书自宋朝灭亡以后很长一段时间不受重视，直到1919年，营造学社的创办人——朱启钤先生在南京江南图书馆发现了丁氏抄本《营造法式》，充分认识到了这本书的重要价值，随后委托陶湘先生详加勘校，于1925年正式刊印，“这一版之刊行，当时曾引起国内外学术界极大注意”（梁思成）。就在这一年，正在美国宾夕法尼亚大学建筑系读书的梁思成先生，收到父亲梁启超先生专门寄来的一部《营造法式》，“当时在一阵惊喜之后，随着就给我带来了莫大的失望和苦恼——因为这部漂亮而精美的巨著，竟如天书一样，无法看得懂”。

想要读懂“天书”，必须找到正确的路径，“我认为在这种技术科学性的研究上，要了解古代，应从现代和近代开始；要研究宋《法式》，应从清工部《工程做法》开始；要读懂这些巨著，应从求教于本行业的活人——老匠师开始”[11]。在今天看来，这条学术路径不仅是科学的、高效的，而且几乎就是唯一正确的。

近代以来，日本学者对中国古代建筑的调查开始早、范围大，取得了较为丰硕的成果。但是，他们关注的核心问题是中国古代建筑在不同历史时期对日本的影响，因此只对这些历史时期给予高度重视，缺乏对中国古代建筑史的完整梳理。想要进行这样的梳理，正如梁思成先生所说，需要从明清建筑开始，由近及远，逐步回溯。但是，当时的日本建筑学者普遍对我国明清建筑评价不高，没有或者说不愿进行这样的回溯式研究，因此也就不具备对古建筑本体进行断代的能力，往往依赖方志、碑刻等文字资料去推断建筑年代。

正因为选择了正确的道路，以梁思成、刘敦桢等为代表的营造学社先贤们，才在很短的时间内夺回了中国人在中国古代建筑研究领域的话语权和主导权。这次“逆袭”，以 1932 年考察蓟县（今天津市蓟州区）独乐寺观音阁并发表《蓟县独乐寺观音阁山门考》一文为端始，以 1937 年发现佛光寺东大殿并发表《记五台山佛光寺建筑》一文为高潮（图一）。与日本学者的视若无睹形成鲜明反差的是，梁思成先生等看到佛光寺东大殿时，“一望而知是唐末五

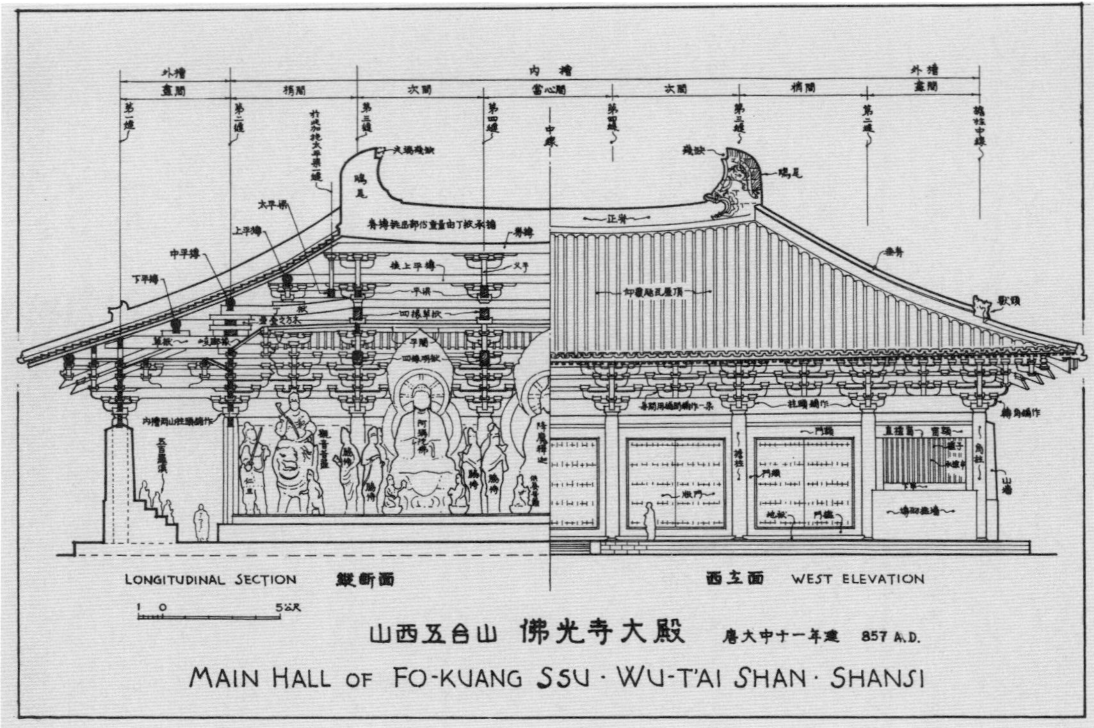
LONGITUDINAL SECTION 縱斷面
西立面 WEST ELEVATION
山西五台山 佛光寺大殿 唐大中十一年建 857 A.D.
MAIN HALL OF FO-KUANG SSU · WU-T'AI SHAN · SHANSI

图一

代时的原物"。这个"一望而知"不是魔术，不是运气，依靠的是对不同时代建筑内涵与特征的准确把握，是想要成为佛光寺真正发现者必须具备的能力。

通过对佛光寺的研究，梁思成先生自己的学术造诣也在不断增益，他在写作《蓟县独乐寺观音阁山门考》时兼用宋式、清式术语，在写作《记五台山佛光寺建筑》时，已经基本改用了宋式术语。从夹杂宋、清到专用宋式，反映了他对《营造法式》的理解不断加深，但这似乎还无法彻底解决研究中遇到的所有问题，因为"宋式"毕竟还不是"唐式"。作为与佛光寺建造年代最接近的建筑规范专书，《营造法式》应该继承了早于它成书时间，包括唐代的建筑规范和知识，李诫自己也说过，"臣阅考旧章，稽参众智"，没有这把钥匙，我们对唐宋建筑几乎无可置喙；但这只是第一把钥匙，想要进一步了解唐代建筑的规范和技艺，我们还需要另一把钥匙——一把沉默无语、不立文字的钥匙。

从已经掌握的信息来看，东大殿在历史上虽然屡经修缮，但很可能没有进行过"落架大修"，因此更多保存了唐代建筑的"本来面目"；南禅寺大殿虽然历史更悠久，但经历过不止一次落架大修，唐代建筑的神韵风貌损失严重。因此，佛光寺东大殿的“唐”是原汁原味的“唐”，是大剂量、高浓度、更易上瘾的“唐”。如果我们要寻找唐代木构建筑的“法式”，佛光寺东大殿显然就是我们需要的另一把钥匙。

唐代是否存在类似《营造法式》的建筑规范专书？如果存在，在它已经失传的情况下，如何根据现存的唐代建筑去管窥唐代的“法式”？想要探寻这些问题并不容易，但很有意义。所以，我们先以“解读南禅寺”铺垫必要的知识基础，再以“解读佛光寺”探寻更深入和复杂的问题，下面就让我们正式开始吧，我们将按照自下而上的空间顺序，同时也是由先及后的施工顺序，分“台基”“屋身”和“屋盖”等部分展开讨论。

一、台基

当我们站在佛光寺东大殿前，看到它的台基，会有个比较直观的感触——大而矮（图二）。承载着宏伟木结构的台基平面近似长方形，西（前）侧长 40.21 米、东（后）侧长 40.62 米、南侧宽 23.63 米、北侧宽 23.50 米[12]，面积约 950 平方米；顺应前低后高的地势，台基西（前）侧高 0.74 米、东（后）侧高 0.46 米。台基边缘平直，属于典型的方直台基，内部土石混筑，外面包以砖石，顶面用方砖、

图二

条砖铺墁，侧面用条石错缝垒砌，顶面与侧面交接处设压阑石，压阑石上清晰地保留着三种不同的加工雕凿方式，是颇可留意的细节。台基前方正中设副子踏道，也就是我们通常所说的台阶，未像南禅寺大殿那样设置月台。台基的西、南、北三面用石板铺设宽约 1 米的散水，东面因基岩裸露，未再加设散水。

如果和其他唐代木构建筑对比的话，东大殿的台基面积无疑是最大的，名列第二的南禅寺大殿台基只有 212 平方米（不含月台），不到东大殿的四分之一；但其高度却几乎垫底，远低于广仁王庙大殿（高 1.35 米）和南禅寺大殿（高 1.1 米），与建筑规模最小的开元寺钟楼（高 0.6 米）不相上下。为什么会有这样的反差？回想一下我们在到达东大殿面前时爬过的 37 级陡峭台阶，你就会恍然大悟，原来东大殿的台基不止一层。梁思成先生当年就注意到了这一点，所以他把对正殿台基的描述分为两部分，先说“窑后地势陡起，依山筑墙成高台，高约十二三公尺，即为正殿之基”，后说“殿之阶基，仅高出台上地面踏道数级而已”。“正殿之基”本身已经十分高峻，“分担”了“殿之阶基”的高度。

正如上文所说，佛光寺身处丘壑之间，也将丘壑纳入自己的胸怀。寺庙选址在佛光山西坡，在从山门（前檐）到东大殿（后檐）约 120 米的水平距离内[13]，地表高程抬升了 20 多米，如果以佛光寺东围墙作为最高点的话，最大高差将达到 45 米。面对如此富有挑战性的选址，从唐代乘方禅师开始，历代修缮者采取的都是“台殿横空，等级相次”（《广清凉传》）的解决方式。我们今天看到的情形是，佛光寺主体建筑随山形地势由西向东、由低到高排布，即梁思成先生说的“伽蓝依岩布置”。寺内共分为高程逐渐升高的三级平台，东大殿所在的第三级平台地势最为高峻，比第二级平台高将近 15 米。当你穿过山门跨进第一级平台时，一抬头就能看到高高在上的大殿，王纬“两峰相峙尤高耸，一殿随山列上头”的诗句，写的正是这种独特景观（图三）。因为第三级平台过于高峻，你只有登上这层平台，才能看到东大殿的全貌。

这样的布置，一方面是受地形的限制。想要在山坡上开辟出完整的平地，不论挖高还是垫低，都是相当浩大的工程。随形就势，化整为零，无疑是更明智和经济的选择。另一方面，如果利用好这种地形，可以增加建筑群的层次感，增强重要建筑的视觉冲击力。

第三级平台因为地势最高，修建难度必然更大，因此古人采取了因地制宜的修筑方式，按梁思成先生的说法是

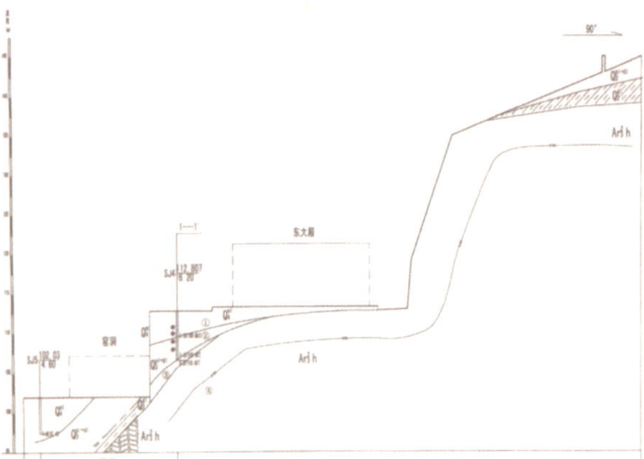

图四 佛光寺东大殿地质勘察剖面图（《佛光寺东大殿建筑勘察研究报告》）

图三——图四

“凿岩开山，以辟屋基”，我将其表述为“堑山取地，筑土成基”。所谓“堑山”，也可以称为“斩山”，就是将山体挖掉一块，获得平台。这与云冈石窟营建中的“斩山”环节有相似之处，只是佛光寺想要获取的是平地，云冈石窟想要获取的是崖面。此法不宜规模太大，除了挖掘山体需要耗费大量的人力、物力之外，挖出的平台越大，平台后的断崖越陡，对山体稳定性的破坏也就越严重，会增加地质灾害的风险。所谓“筑土”，就是将土石堆筑在平台的前沿，也可以用于修筑东大殿的第二层台基和佛坛，既合理利用了“堑山”产生的土石，又增广了平台的进深与面积（图四）。

这种因地制宜的建筑方式在唐代并非孤例，最有代表性的应该是比东大殿早约 200 年修建的大明宫含元殿，它“建在高冈南沿，前壁利用原有土崖并辅以夯土，形成陡立 10 米的高台”[14]，即唐代晚期文献《剧谈录》记载的所谓“凿龙首冈以为基址”。这句话套用到东大殿的话可以这么说——“凿佛光山以为基址”。同样是 10 米左右的高差，再联想到神秘的功德主、“上都送供女弟子”宁公遇以及一众与中央关系密切的官僚，这里面会不会有某种师法或仿效呢?

因为采用了这样的建筑方式，佛光寺的第三级平台得以容纳像东大殿这样的大型建筑，但也不可避免地造成这级平台更加崇峻，所以我们今天需要攀登那陡峭的37级台阶。去过佛光寺的朋友，应该都对这道台阶印象深刻。崇峻的台基不仅形成了佛光寺内具有标志性的景观，而且增强了东大殿的雄伟气势，正如清人在碑刻中赞叹的“层台耸列巉岩重，巨殿危凌峭壁中”。山西北部现存的辽金建筑中，有多座大型殿堂采用了高峻台基，如朔州崇福寺弥陀殿的台基高2.53米，应县佛宫寺大雄宝殿的台基残高3.3米，大同善化寺大雄宝殿的台基高3.34米，华严寺薄伽教藏殿的台基高3.2米、大雄宝殿的台基甚至高达4米[15]，被梁思成先生等形容为“巍然峙高台上”[16]，这种高台基做法的出现和流行或许就与佛光寺东大殿等唐代建筑有关。

《佛光寺重修东殿碑记》，清乾隆三十三年(1768)，现存东大殿前檐。

这样的建筑方式还带来一个后果——沉降隐患。第三级平台相当于东大殿的第一层台基，台基的前（西）半部分是人工堆筑，后（东）半部分是天然基岩，用现代术语来说叫作“不均匀地基”。不同的地层结构会有不同的沉降速度，虽然相差十分细微，但经过千百年的累积，后果就会比较严重。东大殿的后檐柱，尤其是东北

图五——图六

图五 佛光寺东大殿后断崖（自摄）

图六 佛光寺东大殿后残存的堑山痕迹（自摄）

角柱下沉较为严重，正是因此造成的。

东大殿的选址和建筑方式使它在现存的唐代木结构建筑中别具一格，另外三处都是平地起建的寺庙，唯有它是山地寺庙，可以说是中国现存最为古老、保存较为完整的山地寺庙。山地寺庙远离邑聚，遁隐林泉，在对佛教宏旨的追求上显示出与平地寺庙不尽相同的旨趣，其出现和发展值得重视。此外，《续高僧传》《华严经传记》等文献都提到解脱禅师坐化“山窟”，说明佛光寺在唐代早期可能还存有窟龛，虽然现今已经无迹可寻，但也许是我们理解佛光寺独特选址和建筑方式的另一条线索。

无论如何，东大殿台基的做法不仅在现存唐代木构建筑中仅此一例，在其他古代木构建筑中也相当罕见。当大家参观东大殿的时候，不妨先环绕大殿走一圈，看一看脚下何时由泥土过渡为基岩。走到大殿后面，可以看到大片裸露的岩层（图五）。这并不是修建第三级平台时原始的“堑山面”，原来的崖面距离东大殿后檐要近得多，“殿后近接山岩，几无隙地”（梁思成），以至于发生过泥石流从断崖顶部而下，冲毁东大殿部分后墙的地质灾害。为了更好地保护东大殿，1983 年文物保护部门又将崖面整体凿进了数米，挖取土石 4500 余立方米。如果大家仔细观察，地面上依稀还可以看到唐代“堑山”留下的痕迹（图六）。

二、屋身

佛光寺东大殿是现存规模最大、保存最完整的唐代木构建筑，规模越大，结构越复杂，内涵越丰富，也就越值得重视。屋身，或者说“木构架”“木构系统”，是中国古代建筑体系最显著、最独特、最重要的特征，下文将从柱、梁、枋、槫、铺作等方面进行介绍。

东大殿面阔七间，进深八椽，根据清华大学团队精密测量的数据，通面阔 33.98 米，通进深（柱头距离）17.61 米，纵横比约为 1.93∶1。相比之下，南禅寺大殿和开元寺钟楼面阔只有三间，广仁王庙大殿不过五间，通面阔都不超过 12 米；南禅寺大殿和广仁王庙进深均为四椽，无论尺度还是等级都远逊于东大殿。面阔七间之中，正中一间称为“当心间”（亦作“明间”），其左、右两侧为“次间”，再两侧为“梢间”，最两侧为“尽间”。“当心间”位置居中，地位最尊，一般会宽于其他各间，如南禅寺大殿当心间面宽 4.99 米、次间面宽 3.38 米；东大殿则略显特殊，居中五间（当心间、二次间与二梢间）面宽相等，都在 5.04 米左右，尽间面宽 4.42 米。这样的面宽配置基本不见于唐代以后的木构建筑中，但在唐代不是孤例，如大明宫含元殿殿身面阔十一间（不含副阶），居中九间面宽也相等，均为 5.53 米[17]；广仁王庙大殿当心间面宽 2.95 米、次间面宽 2.9 米、梢间面宽 1.36 米[18]，考虑到东大殿居中五间的面宽也有 4—5 厘米的正常波动，视为居中三间面宽相等应无问题。由此可见，居中数间面宽相等应该是唐代多开间建筑的常例。

一般是殿身除两侧最外侧一间以外的“居中数间”。

1. 柱及柱础

柱

柱是梁架中的主要承重构件。宏伟的东大殿由 36 根木柱共同支撑，它们的材质经过鉴定均为硬木松（当地人称为“油松”）。

东大殿包括柱在内的大木构件，经过鉴定的均为硬木松。

除了后檐有 3 根柱子可能是 20 世纪 50 年代后檐墙被泥石流冲垮后替换的以外，其余基本应是唐代原构，历经千年风雨，虽然难免劈裂皴皱，但依旧苍劲有力（图七）。这些木柱之所以能够保存如此之久，一方面原因是硬木松质地坚硬，耐腐力强；另一方面原因是古代工匠对木柱采取了有效的保护措施，容易受到风雨侵蚀的 22

图七 佛光寺东大殿西南角柱（自摄）

根外檐柱中有 12 根被厚墙包裹，仅有与阑额齐平的柱头部分暴露在外，4 根（均为角柱）局部被厚墙包裹，其余未被厚墙包裹的通刷土朱，相当于增加了“保护层”。一个有趣的现象是，厚墙在大殿东北、东南角特意做了抹斜，使东北和东南角柱有将近 1/4 暴露在外，几乎一模一样的做法也见于南禅寺，所以我们才能看到后者那根饱经沧桑的方柱。除了后檐的 2 个转角，这两座大殿前檐的 2 个转角其实也做了抹斜，只是因为转角只有一侧是厚墙，不像后檐转角那么明显。这种“四角抹斜，角柱露明”的做法还见于佛光寺的文殊殿。

东大殿所用木柱，无论檐柱还是内柱，高度均在 5 米左右，这是“殿堂造”的典型特征。所谓“殿堂造”，又称“殿阁造”，是通常应用于宫殿、坛庙等重要建筑的一种建筑结构形式，一般具有以下特点：采用层叠式构架，檐柱与内柱同高，铺作较为复杂（使用下昂）；常用平闇，梁架分为“明栿”和“草栿”；用材一般大于“厅堂造”等。“厅堂造”建筑的等级低于“殿堂造”，一般采用混合整体式构架，内柱普遍高于檐柱，铺作较为简单（一般不用下昂）；一般不用平闇；用材一般小于“殿堂造”等。除了上述差别，宿白先生还曾经总结：“最大区别，应是整个构架组织的不同。佛光整个构架看来可分上、中、下三段：下段是柱网，柱头用阑额连接，形成内外两圈同等高度的矩形框子，构成屋身框架。其上的中段，是在内外两圈柱头上架四五层柱头枋，构成井干式方框，再在内外圈相对的各柱间，挑出四五层斗栱和架起明栿，以平闇为界，使方框稳定，并使之有较大的刚性，这样就可承托上段的重量。上段即是前面讲的三角形屋架部分。这三段分明的构架组织，应是殿阁型最突出的特点。而厅堂型则是三段接合紧密，不易分清。"[19] 东大殿是现存唐代木构建筑中唯一具备"殿堂造"各项特征的，可以说是我国现存最古老的殿堂式木构建筑。

东大殿木柱的断面都做圆形，檐柱较粗，直径约 58.5 厘米，内柱较细，直径约 57 厘米，未见与南禅寺大殿相似的方柱。以前檐柱为例，根据清华大学团队精密测量的数据，在柱子高 50 厘米和 146 厘米处测得的柱径平均值仅相差 0.1 厘米，所以基本为直柱，只有在靠近柱顶的地方向内卷杀，直径缩小至 54 厘米。卷杀、厚墙和阑额相互配合，大致在厚墙顶部和阑额底部的交接处开始卷杀。梁思成先生的相关描述是，"柱头虽卷杀作覆盆状，然显然非'梭柱'"。《营造法式》中有关于"杀梭柱之法"的记载，即"将柱两头卷杀，使柱两头较细，中段略粗，略似梭形"[20]，在东大殿中未见其例。

柱径与柱高的比值也是考察柱子时需要关注的内容之一，梁思成先生当年调查时就进行过测算，“（内柱）高约为径之 8.8 倍，其权衡颇为肥硕。……（檐柱）高约为径之 9.25 倍”，此后还有 8.17 倍、8.6 倍等说法[21]。不论采用哪个比值，东大殿的木柱与其他唐代木构建筑相比都更为粗壮。

柱网

东大殿的柱网排布为 5 行（面阔方向）8 列（进深方向），如果每个节点都用柱的话，应该共有 40 根，实际用柱 36 根，中央一行（从前往后第三行）的中间部分少用了 4 根（图八）。这种“少用”与后文讲述文殊殿时会提到的“减柱法”不同，是由结构上的不同造成的。因此，“回字形”而非“网格形”才是理解东大殿柱网的正确钥匙。梁思成先生从《营造法式》“殿阁地盘”的相关记载中找到了这种柱网布局的名称——“金箱斗底槽”，其“为格网的一种形式，即殿身用内（槽）外（槽）两圈柱的形式，形成大小不同的内外两个空间”[22]。何谓“槽”？有学者认为，“由柱、额、铺作划分的各种空间称为‘槽’”，潘谷西先生根据“骑槽”“压槽枋”等术语指出，槽不应是空间，而应是划分空间的线，“即柱列与其上的铺作或铺作之中心线”[23]。我们基本同意这个看法，东

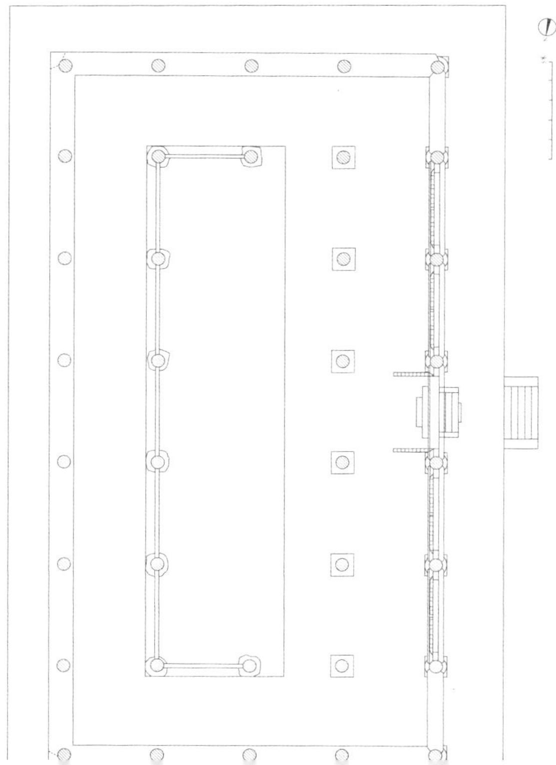

图八
佛光寺东大殿柱网图（王荟梅　改绘）

大殿有22根柱子位于外槽，14根位于内槽，前者可以称为“外槽柱”或“檐柱”，后者可以称为“内槽柱”或“内柱”，前者是“回”字外面的“口”，后者是“回”字里面的“口”。何谓“金箱斗底”？

为了行文简练，下文有时会以“内槽”代表内槽之内，以“外槽”代表内、外槽之间。

学术界目前还缺乏比较明确的解释，我们对此的理解是，所谓“斗底”应该就是指栌斗以下，也就是柱网布局，所谓“金箱”或许是指加了铜扣饰的木箱，类比内槽和外槽之上柱头枋层层相叠的结构。东大殿内槽与外槽之间在结构上存在显著差异，形成紧密依存又判然有别的两个空间，承载着不同的功能和用途，下文将详细介绍。

此外，东大殿和南禅寺大殿一样应用了“侧脚”和“生起”的做法，檐柱柱头向内微侧，角柱向心倾侧，形成围聚，加强了殿身结构的“凝聚力”；每行柱子由中间向两侧逐渐加高，每向外一间加高5厘米，至角加高更多，达到了20厘米，使檐口形成了舒缓的反曲形弧线。无论“侧脚”还是“生起”，都在角柱上体现得最为显著，感兴趣的朋友可以在考察时留意。

柱础

柱子介绍得差不多了，下面说一下柱础。东大殿的柱础可以分为两种——宝装覆莲柱础和方形平素柱础，前者共计8个，后者共计 28 个。

宝装覆莲柱础全部位于前檐，也就是大殿最显著的位置（图九）。柱础直径约 1 米，“微逊于柱径之倍”（梁思成），大体符合《营造法式》中“造础之制，其方倍柱之径”的记载；柱础上突起的部分叫作“覆盆”，高约 10 厘米，约为柱础直径的 1/10，与《营造法式》中“若造覆盆，每方一尺，覆盆高一寸”的记载吻合；覆盆上雕刻有精美的宝装莲花，所谓“宝装”就是指在花瓣上刻有减地平钑（sà）或压地隐起的花纹，“莲瓣宝装之法，每瓣中间起脊，脊两侧突起椭圆形泡，瓣头卷起作如意头”（梁思成）。现存的唐代木构建筑中，除了东大殿，还有开元寺钟楼也使用了类似的柱础，但雕刻工艺和保存现状都远不及东大殿；通观

开元寺钟楼柱础直径 1.13 米，厚 0.35 米，边长略大于东大殿柱础。

唐代建筑遗址，装饰最华丽、等级最高贵的也就是这种柱础。“石作”是中国传统建筑体系的重要组成部分，这些覆莲柱础就是东大殿，乃至唐代木构建筑石作工艺的典型代表。8 个柱础中，西南角的 1 个沉降严重，已经陷入台基，只有把盖在上面的砖块挪开才能看到；其余 7 个，如果仔细观

图九 — 图一〇 — 图一一

图一〇 佛光寺东大殿前排内柱柱础（自摄）

图一一 佛光寺东大殿后排内柱柱础（自摄）

察的话，能发现它们在石材、雕工等方面存在一定差别，个别柱础的雕工明显更为精湛。这里说的“个别”是哪几个，留给您亲自去现场比较和确认。至于差别的成因，是东大殿在营建时部分袭用旧础、部分重新雕造，还是同时雕造但工匠水平不一，抑或其他原因，还有待进一步探索。

方形平素柱础数量最多，按形制可以细分为两种，第一种可以前排内柱的柱础为例（图一〇），形制比较规整，边长与宝装覆莲柱础直径相近，顶面与地面齐平，可见较为规律的凿痕，不施覆盆。除前檐柱以外的其他檐柱因被墙体包裹，柱础的情况不明，推测也应属于此类。第二种可以后排内柱的柱础为例（图一一），形制不太规整，边长也略小一些，顶面与佛坛齐平，梁思成先生曾注意到这些柱础——“后部内柱，有就地下岩石为础者，盖地本凿崖辟出，其就岩作础亦从权之法，颇为有趣”。我们曾在现场仔细观察，这些柱础下面夹杂土石，与佛坛下面的岩石并非一体，石质似乎也有差别，应该是经过专门加工后安置于此。这些柱础的位置隐蔽，所以加工远不如第一种柱础精细。佛坛周围的 8 个柱础都采取了类似做法，使得与之相应的 8 根内槽柱也与其他木柱不同，不是“落地”

而是“落坛”。上文曾经说过，东大殿的所有木柱基本同高，并没有说等长，这 8 根木柱均比其他木柱短约 0.72 米，也就是佛坛的高度。古代工匠通过随机应变，巧妙地利用佛坛，节省出了超过一整根木柱的材料。

2. 梁架

东大殿内使用了“平闇”，也就是天花板，与其他唐代木构建筑“彻上明造”的做法不仅外观不同，而且等级有别。平闇以下的梁架通常称作“明栿”，加工较为精细，以上的被称为“草栿”，加工较为简省，上、下反差在梁上体现得最为分明。东大殿的柱网只能按“回字形”而非“网格形”进行理解，关键原因之一在于内槽和外槽在结构上存在明显差别，这种差别在梁上也体现得最为明显。所以，让我们先来关注“梁”。

明乳栿

梁，《营造法式》中多称为“栿”，是承受屋顶重量的主要构件。东大殿的梁架结构对应于《营造法式》所谓“八架椽屋前后乳栿用四柱”，其中的“前、后乳栿”属于外槽，内槽用的是四椽栿。在环绕内槽一周的外槽部分，檐柱和相应的内柱之间以明乳栿联系，断面为长方形，高 53、厚 34 厘米，除转角部分外，均一一对应，跨度 4.41 米，内角柱（即“转角内槽柱”）需对应包括角柱在内的 3 根檐柱（即“外槽柱”），所以出 3 根明乳栿与它们一一联系（与角柱联系的称为“斜栿”或“角乳栿”），结构较为复杂（图一二）。

明乳栿和即将提到的四椽明栿均切削成“月梁”。所谓“月梁”，是一种经过艺术加工的梁栿，它的特点是梁身拱起，形如月牙，两端各在梁底、梁背、梁肩做卷杀，梁身两侧及底面有琴面，梁头成斜项与材同宽，伸入铺作[24]。东大殿的月梁做法在所有唐代木构建筑中最为典型，而且应用于平闇之下的所有梁栿，即梁思成先生所说“殿中视线所及，均刻削为‘月梁’，轮廓秀美”。《营造法式》中有关于月梁的记载，梁思成先生专门进行了对比，并绘制了“佛光寺内月梁与《营造法式》月梁比较图（假定用同等材）”，结论是“殿所用的月梁的权衡和卷杀的方法也与《营造法式》的做法不同”。

四椽明栿

内槽部分，中间的 4 组内柱以四椽明栿联系，“上托月梁如虹，飞架前后内柱间，秀健整丽，为北方宋辽遗物中所未见”（梁思成）；左右两侧的 2 组内柱间另有中柱，

图一二
佛光寺东大殿外槽转角（自摄）

它们之间以内额联系，栱眼壁上层叠柱头枋，未设置四椽明栿（图一三）。4 根四椽明栿用料讲究、加工精致，断面为长方形，高 60.3、厚 44 厘米，在大殿内支撑起了面宽 25.2、进深 8.82（即四椽明栿的跨度）、高度超过 7.5 米的“无柱空间”，使得体量雄伟且数量众多的佛像得以从容安置。四椽明栿的跨度虽大，但因为其两端有多层华栱承托，栿身净跨仅为进深的约 3/5。华栱等构件的使用，不仅通过缩短净跨提高了四椽明栿的承重效能，而且将其较明乳栿托高了近 2 米，使内槽空间更加高大宽敞。因此，它们自然成为大殿内特别引人注目的构件，至关重要的唐代墨书题记就书写在它们的下皮。有趣的是，这些四椽明栿虽然在东大殿是最大的构件之一，但比南禅寺大殿的四椽栿还是略逊一筹，后者的跨度达到了惊人的 9.9 米，通长将近 11 米，堪称“唐代第一长梁”。我们在《山西国宝故事·南禅寺》中曾经提到南禅寺大殿“小殿”不“小”，这是一个证据。为什么规模更大的东大殿在部分构件的用材上略逊于南禅寺大殿？原因之一是东大殿采取的是“殿堂造”，建筑规模的扩大主要依靠结构的复杂化，需要的是更多标准化的构件，反而降低了对大材的依赖。

图一三 佛光寺东大殿内槽转角（自摄）

草栿

平闇之上的梁栿即“草栿”，相比于一览无余的“明栿”，“草栿”被平闇遮挡，想要考察首先得想办法爬上平闇。梁思成先生曾经详细记录了他们的考察经过：“此殿因有‘平闇’顶板，梁架上部结构均为隐藏，斜坡殿顶之下有如空阁，黑暗无光，惟赖檐下空隙，攀跻匍匐可入。其上积尘数寸，着足如绵。以手电探视，各檩则为蝙蝠盘踞，千百群聚，无法驱除。……摄影之中，蝙蝠见光振翼惊飞，秽气难耐（而木材中又有千千万万的臭虫），工作至苦”。

括号中一句是梁思成先生在《文物参考资料》1953 年 5、6 期再次发表《记五台山佛光寺的建筑》时所加。

阅读这段文字，营造学社先贤们当年的工作艰辛历历在目，同时也让人好奇，那个隐秘且黑暗的空间到底是什么样子？2020 年 7 月，我们终于获得一次考察机会。进入草栿层的入口隐藏在北尽间后檐的遮椽板中，离地面 7 米多高，爬上一架晃晃悠悠且吱呀作响的长梯，从一个约 1 米见方的洞口可以爬进草栿层（图一四）。浙江大学团队当时正在对草栿层进行数字化扫描和记录，架设了一些照明设备，“黑暗无光”暂时成为了过去时，积尘经过了清理，但平闇板

图一五 佛光寺东大殿草栿层及蝙蝠（自摄）

上仍散布着很多黑色颗粒——“夜明砂”（图一五），因为梁思成先生记录过的蝙蝠仍旧在屋顶椽间盘踞。外面的世界斗转星移，殿内的蝙蝠依旧“千百群聚”，生息繁衍。科技手段已经引入到了草栿层，到处架设的监测设备可以使文物部门远程掌握多种信息，及时采取相应措施；行之有效的传统办法继续使用，盆装的石灰用来吸潮，覆盖在内槽之上的彩条布遮蔽着下面的塑像，这些措施共同保护着东大殿的安全。

因为读过梁先生的文字，我们对灰尘、蝙蝠等都做过心理建设，即便时不时有蝙蝠扑棱着翅膀从头顶飞过，还能基本保持淡定，没有想到的挑战是——闷热。草栿层除我们爬进来的小口以外，另有一个小口可以进出，但相距甚远，根本无法形成对流，所以空气基本处于凝滞状态，7月艳阳的热量又透过屋顶传导进来，把草栿层变成了“桑拿间”，我们待了一段时间就感觉浑身不适，想要逃离。梁思成先生他们调查东大殿时也是7月，调查期间每天“晨昏攀跻，或伺偻入顶内，与蝙蝠壁虱为伍，或登殿中构架，俯仰细量”，他们从早工作到晚，根本无暇顾及闷热，关心的只是“探索惟恐不周，盖已深惧机缘难得，重

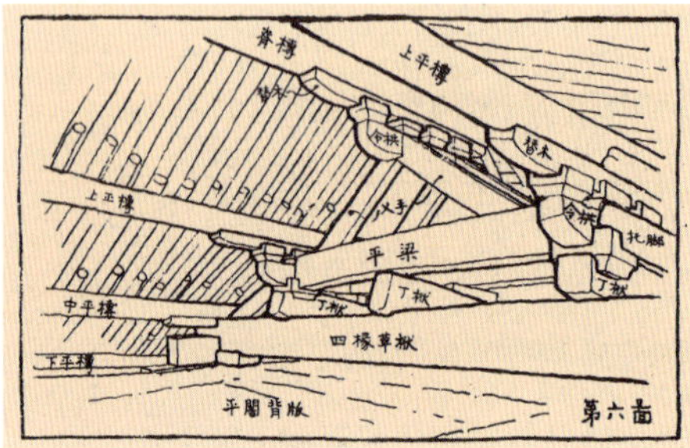

图一六 佛光寺东大殿草栿层示意图（梁思成《记五台山佛光寺建筑》）

游匪易，此时图录未详，终负古人匠心也”。他们借助昏暗的手电，测绘了草栿层的梁架，所绘图纸的精确程度在今天仍很难超越（图一六）。他们的学术水准与敬业精神，他们的责任感与爱国心，值得我们永远仰慕和学习。

对比之下，草栿层多为直梁，有使用弯材的情况，未见明栿层

南禅寺大殿也有使用弯材的情况。

广泛使用的月梁；梁栿加工粗糙，表面多残留工具砍斫痕迹，未像

梁思成先生认为草栿层的“平梁上隐出月梁形”，我们在考察时也曾注意观察，觉得个别平梁确实有类似“月梁造”的痕迹，但是有意还是无意难以确定，即便是有意为之，最多只能算“月梁形”而非月梁。

明栿层的梁栿那样进行后续美化加工；与明栿多以华栱承托不同，草栿多以长短、厚薄不一的方木（亦称“垫墩”）衬垫，明显更为随意凑合（图一七）；此外，我们在考察时还发现不少构件上有与

图一七—图一八

图一七

佛光寺东大殿草栿层垒垛的方木（方木表面施工痕迹清晰可辨）（自摄）

图一八

佛光寺东大殿草乳栿和四椽草栿（自摄）

用途无关的加工痕迹，例如一块衬垫四椽草栿的方木上开了“螳螂头”卯孔，形状与南禅寺大殿墩接檐柱时用的“螳螂头”榫卯几乎完全一样，说明草栿层还有将就使用废料甚至旧料的情况。

虽然相隔平闇，明栿与草栿大致还是呈对应关系。明乳栿之上有草乳栿，两者的位置、跨度基本相同，草乳栿的通长略短一些，外端与檐柱上方的压槽枋相交，中部由外檐铺作双下昂的后尾支持，里端与内柱上方的柱头枋相交。草乳栿上另施缴背，这个构件也可以称为“复梁”，在南禅寺大殿的四椽栿上也能够看到。缴背靠外一端累加方木以承托下平槫，靠内一端垒垛多层方木，以承托四椽草栿（图一八）。四椽草栿的位置、通长和跨度也与四椽明栿大致相当，断面亦为长方形，高 60、厚 40 厘米，略小于四椽明栿，承托其两端的不是出跳的四层华栱，而是垒垛的三层方木，方木在缩短净跨方面未发挥如华栱般明显的作用，使得四椽草栿的净跨比四椽明栿增长了约 2 米。

平梁和叉手

四椽草栿上安置进深二椽的平梁，南禅寺大殿在四椽栿和平梁之间以曲线优美的驼峰支撑，在东大殿的草栿层简化成方木，平梁两端有斜置的托脚发挥辅助支撑的作用。平梁之上“施大叉手而不用侏儒柱，两叉手相交顶点与令栱相交，令栱承替木及脊槫”（梁思成）（图一九）。这些叉手共计 6 组，应该是东大殿知名度最高的构件了，梁思成先生等初见时激动不已，“及继续探视，遂见梁架上部古法‘叉手’之制……似此意外，则又惊诧，如获至宝”“佛殿所见为学社多年调查所得唯一孤例，殆亦此法之得仅存者也”。时至今日，只用叉手不用侏儒柱（又称“蜀柱”）的做法已被公认为唐代木构建筑的重要特征之一。南禅寺大殿在发现时兼用叉手和侏儒柱，维修时判断侏儒柱为后代所加，予以取消；广仁王庙大殿平梁上也发现了侏儒柱，虽然很可能也是后代附加，但维修时予以保留；所以东大殿保存下来的仍是规制最大、保存最好的叉手，是考察草栿层时最大的“看点”。

丁栿和太平梁

上述梁栿，无论明栿还是草栿，相对来说“简单明晰”（梁思成），梁栿中“最复杂及困难部分”位于两梢间上方的草栿层，这里各“别施丁栿三道”，丁栿靠内的一端都搭在靠外侧的两根四椽草栿之上，靠外的一端延伸到山面内柱（中柱）一线，也即山面中平槫一线，内高外低，从上向下俯视的话，3 根丁栿的位置分别与前上平槫、脊槫及后上平槫对应（图二〇）。为什么要在这个位置增添如

图一九—图二〇

佛光寺东大殿平梁、叉手等构件（自摄）

图二〇 佛光寺东大殿丁栿等构件（自摄）

此复杂的构件，原因也正隐藏在这些对应关系之中。

先说前、后上平榑，它们都延伸到靠外两根四椽草栿的外侧，前、后两根丁栿位于它们正下方，起到了提供支撑点的作用。山面上平榑一方面依赖前、后两根丁栿为它与前、后上平榑的搭交点提供支撑，另一方面需要居中的一根丁栿为它的中间位置提供支撑点。再说脊榑，为了承托沉重的正脊、鸱吻等构件，脊榑也需要越过靠外的两根四椽草栿继续向外延伸，外延部分的支撑依靠的是架设在三根丁栿之上、与平梁基本同高等长的太平梁。我们在上文提到东大殿共有6组叉手，除了4根平梁上各有一组外，另外2组就位于平梁外侧的太平梁之上，“如此则脊榑之两端及其上鸱吻之重量，乃得经太平梁至丁栿而再转达于其下面各立柱”。由此可知，丁栿及它们“背上所负之各部，极为重要，为承托山面与前后两瓦坡相汇处之必须结构”（梁思成）。

斜栿

此外，东大殿的转角部分还使用了明斜栿（亦称“角乳栿”）、草斜栿、大角梁（清式术语称为“老角梁”）和子角梁（清式术语称为“仔角梁”）等构件（图二一），其中大角梁较为粗壮，外端被砍斫成龙首形，子

图二一

佛光寺东大殿草栿层转角（自摄）

角梁比较短小，向外出挑更远，前端装有套兽。站在东大殿外檐转角铺作下，可以看到一个形似宝瓶的构件，其上就是大角梁和子角梁。

枋

枋，也称为“枋子”，在北宋《营造法式》中经常写作“方”，它的断面多为矩形，发挥着辅助和稳定柱、梁的重要作用。东大殿所用“枋”类构件有阑额、内额、柱头枋、压槽枋、罗汉枋、牛脊枋、素枋、平棊枋、襻间枋等。

阑额，清代建筑术语称为“额枋”，是在檐柱柱头间进行横向联系的构件。东大殿的阑额上缘与柱头齐平，至角柱不出头，其上未使用普拍枋，这些都符合早期木构建筑的特点。檐柱除了普遍在顶端用阑额连接外，前檐中间五间还在檐柱底端增加了地栿连接（图二二），上、下配合，起到双重加固的作用，也为板门的安装提供了支持。南禅寺大殿的墙体内也隐藏有地栿，但是并非原物，而是维修时所加，东大殿的地栿如果是始建时原物的话，那就是现存木构建筑中最古老的地栿了。至于地栿的起源，根据最新的考古发现，已经可以追溯到新石器时代。内柱柱头之间也以类似阑额的构件连接，为了和外槽的阑额区分，

图二二 佛光寺东大殿前檐地栿（自摄）

图二三 佛光寺东大殿柱头铺作上的柱头枋、罗汉枋等（自摄）

梁思成先生称其为“内额”。

柱头枋，清式建筑术语称为“正心枋”，位于阑额的正上方，作用是连接柱头、补间及转角等铺作。压槽枋位于柱头枋正上方，压在柱心的连接线上，这条线也称为“槽”，所以得名“压槽枋”。阑额、柱头枋以及压槽枋之间通常以栱眼壁、散斗等承托。罗汉枋多由瓜子栱或瓜子慢栱承托，发挥着加强柱头铺作、补间铺作和转角铺作之间横向联系的作用。牛脊枋位于罗汉枋正上方，承托檐椽。东大殿的阑额和内额上叠放多层柱头枋，如檐柱柱头铺作上方施 4 层柱头枋，最上方还有一层压槽枋，内柱柱头铺作上方施柱头枋的层数更多，达到了 5 层。檐柱柱头铺作向外檐出跳的第二跳华栱上方施罗汉枋（瓜子慢栱承托）和牛脊枋各一层。如果我们站在东大殿的屋檐下，比较容易看到的是柱头枋和罗汉枋（图二三）。

素枋是连接铺作的枋木，我们在东大殿的内、外槽柱头铺作之间可以看到它们。平棊枋是承托平闇的枋木，可以在东大殿平闇的下方看到它们。襻间枋多随槫设置，相隔一定距离，并行于槫的下方，它们在东大殿出现在中平槫下方，藏身于草栿层中。

一根根木柱、一道道梁栿、一朵朵铺作都是相对独立的构件或构件单元，所以需要由枋周圈相连形成一道道“箍”，把它们拥揽在一起，避免解体和错位。东大殿外槽和内槽之上层层堆叠的柱头枋以及压槽枋等，就像在柱头上方建了两圈木墙，构成了在现代高层建筑中颇为常见的“双套筒结构”，极大增强了建筑的稳定性和可靠性。东大殿经历将近 1200 年的风雨，构件不可避免地出现劈裂、歪闪乃至侧滚等险情，但整体结构至今稳固，与这样的独特结构关系密切。

榑

榑，清式建筑术语称为“桁”或“檩”，断面多呈圆形，发挥着随梁举架，构成屋面曲线的重要作用。东大殿所用“榑”类构件有撩风榑、下平榑、中平榑、上平榑、脊榑等，直径约 30 厘米。

撩风榑也称为“撩檐榑”“檐榑”，在东大殿的所有榑中处在最外侧和最低处，由柱头铺作第二跳下昂上方的令栱、替木等构件承托，其上托载檐椽。它还是东大殿的所有榑中最容易被看到的，站在檐下时，只要能找到成排的檐椽就很容找到它，如果仔细观察的话，还会发现撩风榑上还残存黑色的纹饰，依稀可辨是团花纹（图二四）。

平榑是脊榑和撩风榑之间各榑的通称。东大殿因为规模宏大、结构复杂，共有 3 周平榑，由低到高分别称为下平榑（下近撩风榑）、

图二四—图二五

图二四
佛光寺东大殿撩风槫（自摄）

图二五
佛光寺东大殿脊槫（自摄）

中平槫（位置居中）和上平槫（上靠脊槫）。下平槫的位置介于檐柱和内柱之间，由在草乳栿及缴背上安放的方木承托。中平槫位于内槽的正上方，由垒垛在草乳栿里端的多层方木承托。上平槫位于平梁两端，南北两侧由丁栿承托。脊槫是屋脊下的槫，在所有槫中位置最高，在东大殿由叉手支撑的捧节令栱、替木等构件承托（图二五）。上述平槫和脊槫都隐藏在草栿层中，一般难以看到。

3. 铺作

柱是点，梁、枋、槫是线，互相交叉，只有给这些交叉点打结，框架才能真正完整和稳固。铺作，也就是俗称的“斗栱”，就是这些结。铺作根据所处位置可以分为位于内檐的“内檐铺作”和外檐的“外檐铺作”；还可以分为位于柱头的“柱头铺作”、转角的“转角铺作”以及两柱之间的“补间铺作”等。东大殿的铺作，梁思成先生曾经进行过总结，“共计七种，施于梁栿上之十字斗栱不在内”。这 7 种铺作分别是：

外槽：柱斗铺作、补间铺作、转角铺作；

内槽：柱头铺作、两山柱头铺作、补间铺作、转角铺作。

外槽柱头铺作

外槽柱头铺作一般被称作“七铺作双杪双下昂”。在东大殿所有铺作中最具代表性，“出镜率”也最高（图二六）。它位于檐柱（也就是“外槽”）柱头，前、后檐面各6朵，左、右山面各3朵，总计18朵（铺作计量单位，清式建筑术语称为“攒”）。铺作的高度约相当檐柱高度的一半，“故所呈外表，至为雄大豪壮”（梁思成）。

我们以前檐面和左、右山面的外槽柱头铺作为例，进行说明。檐柱柱头之上首先置栌斗，它是东大殿所有“斗”中最大的一类，其上十字开口，以便容纳面阔和进深两个方向的构件。在进深方向栱口中安置的构件叫作华栱，它同时向里、外出跳。据《营造法式》记载，“凡铺作自柱头上栌斗口内出一拱或一昂，皆谓之一跳”，第一道华栱就是这组铺作的第一跳，一跳也称为一杪，亦写作“抄”。《营造法式》中还有“偷心”和“计心”的区分，“凡铺作逐跳上安拱，谓之计心；若逐跳上不安栱，而再出跳或出昂者，谓之偷心”，这一跳华栱上未安横栱，所以是偷心。华栱栱头的下皮做四瓣卷杀，比南禅寺大殿的少一瓣，没有明显内鱖（āo），正如宿白先生所说，“内鱖作法见于北朝，

南禅寺大殿铺作每瓣有约0.3厘米的内鱖。

图二六
佛光寺东大殿外槽柱头铺作（前檐面）（自摄）

南禅之后即稀见了"[25]。在面阔方向栱口中安置的构件是泥道栱，它位于阑额正上方，与第一跳华栱处在相同的水平层面上。

第一跳华栱上置散斗，承托第二跳华栱，后者的外形虽与第一跳基本相同，但实际上由明乳栿的梁首斫成。换言之，明乳栿的一端伸出外槽，另一端伸入内槽，分别充当了外槽和内槽柱头铺作的第二跳华栱。这种构造与南禅寺大殿的四椽栿分别伸出前檐和后檐充当柱头铺作第二跳华栱的做法比较相似。类似构造亦见于广仁王庙大殿、开元寺钟楼等唐代木构建筑，在辽代建筑中偶见孑遗，在五代、北宋建筑中基本不见，是公认的早期木构建筑的重要特征之一。这种做法一方面使梁栿与铺作相互交融，增强梁栿与铺作的联结，就相当于增强了梁与柱的联结，提高了整体结构的稳定性；另一方面为介于前、后檐或内、外槽之间的构件提供了支撑，例如在南禅寺大殿和广仁王庙大殿支撑了平梁等，在东大殿和开元寺钟楼支撑了平闇等，这些构件的载荷通过梁栿转化为对华栱两端的抬升，形成一种扁担式承重结构。泥道栱上置散斗，承托的"貌似"是泥道慢栱（亦可简称"慢栱"），其实是柱头枋，它的立面隐刻了泥道慢栱。类似的隐刻做法还见于南禅寺大殿、开元寺钟楼等唐代木构建筑，唯独不见于广仁王庙大殿。柱头枋累计 4 层，第二、三层上分别隐刻泥道栱和泥道慢栱，第四层未见隐刻，其上还有隐入草栿层的压槽枋。

第二跳华栱上置交互斗，承托进深方向的下昂和面阔方向的瓜子栱，属于“计心”做法，之后的第三、四跳又分别采用了“偷心”和“计心”做法，这被称作“隔跳偷心”。瓜子栱是介于泥道栱和令栱之间的构件，一般见于五铺作或更复杂的铺作。在东大殿的这组铺作中，它与第二层柱头枋处在同一水平层面。瓜子栱上置散斗，承托慢栱，后者与第三层柱头枋处在同一水平层面。慢栱上置散斗，承托罗汉枋，后者与第四层柱头枋处在同一水平层面，其上还有位置更高的牛脊枋。

第三跳为下昂，昂头如被刀斩，“昂面平直”（《营造法式》），是所谓的“批竹昂”，昂身通长超过 4.6 米，倾斜角度约为 23°，

梁思成先生调查时记录为 23°，清华大学团队调查数据为 24°。

昂尾压于草乳栿下。下昂是铺作的重要构件之一，除了东大殿，不见于现存的其他唐代木构建筑。所谓“下昂”，“今谓之下者，以昂尖下指故也”（《义训》），也可以简称“昂”，因为“昂”虽然包括“上昂”和“下昂”，但上昂实物仅存于苏州玄妙观三清殿

等极少数建筑中。昂有“真”和“假”之分，“凡斜向直达室内梁架，并起结构作用的昂”称之为“真昂”，“后尾演变为斗栱铺作部分，已不具真昂的结构作用，而重在表达装饰效果”的昂称之为“假昂”[26]。东大殿所用均为真昂，北宋时期的晋祠圣母殿出现真、假昂并用的情况，元代以后广见假昂。“假昂”的出现固然与斗栱在晚期古建筑中由结构性构件趋向装饰性构件有关，但在结构上也存在一定的合理性甚至必要性，因为真昂为斜材，安置在华栱之上，后翘的昂尾与水平的华栱之间会留下明显的三角形空隙，需要辅助性构件进行支撑，而且这些构件必须加工出斜面，以便与下昂贴合。以上述铺作为例，昂头下皮与昂尾上皮的垂直高差约 1.8 米，在充当第二跳华栱的明乳栿与昂尾之间自下而上叠架了半驼峰、素枋（隐刻华栱）和平棊枋等 3 层构件，这些构件虽然兼具其他功能，但势必增加了铺作的复杂程度和施工难度。假昂可以很好地规避这一问题，昂头保留真昂造型，昂身近似华栱，也就是把昂由斜置改成平置，自然就不会出现三角形空隙。即便使用真昂，宋代开始的流行做法是简化昂下的华栱，改成“华头子”，在省略一跳铺作的同时，为下昂提供了更多支撑，

图二七
佛光寺东大殿外槽柱头铺作（后檐面）（自摄）

明显缩小了三角形空隙，降低了对其他辅助性构件的需求。不过，我们在东大殿的铺作中是看不到这些简化和变通的，也正因为如此，它才显得更为古拙和雄奇。

下昂上置贴合昂身的斜斗，承托上一层下昂，也就是铺作的第四跳。上层下昂的形制与下层基本相同，长度略短，昂头上置交互斗，承托耍头和令栱，这个交互斗的斗底为了贴合昂身做了特殊加工，可以称为“骑昂交互斗”。耍头形制与宋代木构建筑中的常见形制不同，梁思成先生称之为“翼形耍头”。令栱是铺作中最外侧的一个横栱构件，其上两侧置散斗，中间与耍头相交处置齐心斗，三斗共同承托替木，上压撩风槫。下昂如同以“外槽”为支点的杠杆，昂头一侧承载的是撩风槫、檐椽、屋面等构件，昂尾一侧承载的是草乳栿、平槫、屋面等构件，一侧的压力传递到另一侧就是升力，实现了力与力的均衡。东大殿出檐深远，双下昂“功不可没”。

后檐面的外槽柱头铺作与其他三面略有不同（图二七），营造学社留下的文字和图纸中未记录这一差别，较早关注到这一问题并进行了细致测绘的是清华大学团队，“外檐柱头斗栱前、后檐做法略有不同，后檐橑檐槫下再加耍头一个”[27]。需要注意的是，差别不止于此，后檐面的柱头铺作大多不用在其他三面普遍使用的替木，唯一一个所用替木明显更短；撩风槫（即清华大学团队所说“橑檐槫”）下添加了不见于其他三面的构件——挑檐枋，以便在不用替木的情况下与令栱上的散斗、齐心斗等咬合；“再加”的耍头并非翼形，而与唐代以后的耍头形制相似，首端下半部分由齐心斗承托，上半部分嵌入撩风槫，尾端加工成斜面，贴合上层下昂的上皮。至于增加耍头的原因，清华大学团队认为，“起到了加强橑檐槫与柱头枋的连接作用”，因为“再加”的耍头尾端未及柱头枋，所以“加强连接”的作用并不明显，我们认为主要原因在于增强对撩风槫和挑檐枋的承托和稳固。这里需要对“挑檐枋”进行补充说明，我们在确定它的名称时经过了一番考虑。《营造法式》中记载了“橑（撩）檐枋”和“橑（撩）风槫及替木”两种承椽方式，后檐撩风槫下添加的构件首先不是“橑檐枋”，因为它应该是直接承托檐椽的，如北宋时期建筑初祖庵大殿。那么会不会是长替木？这个构件联系了后檐所有的柱头铺作，跨度将近七间，但在现存唐代木构建筑中还未发现跨度超过一间的替木。《营造法式》中有替木可以“相连用之”的记载，但仅限于“如补间铺作相近者”的情况，如北宋时期建筑晋祠圣母殿，东大殿的外槽补间铺作承托的是罗汉枋而非撩风槫，显然也不属于这种情况。

因此，我们只得从清式建筑术语中选择了“挑檐枋”的称呼，它附属于挑檐桁（相当于撩风槫），在其之下，并与之平行，与东大殿后檐的情况更为相似。

至于为什么后檐面与其他三面存在上述差别，我们目前还无法给出准确解释，可能的原因是后檐面在历史上遭遇过更多的毁坏和维修。上文曾经提到，后檐有 3 根柱子可能在20 世纪 50 年代后檐墙被泥石流冲垮后进行过替换。类似的毁坏在历史上可能多次发生，相应的维修会使后世的技法和构件保留在后檐面。挑檐枋的使用明显具有晚期古建筑的特征，其下个别添加的短替木看起来更加晚近。很可能还有其他构件是经过后代修改和替换的，我们在观察后檐时应特别注意。

外槽补间铺作

外槽补间铺为双杪五铺作，位于外槽柱头铺作或柱头铺作与转角铺作之间，即各开间的正中位置，前、后檐面各 7 朵，左、右山面各 4 朵，共 22 朵。

我们以前檐面的为例，进行说明（图二八）。这组铺作与柱头及转角铺作置于柱头不同，也与补间铺作置于阑额或普拍枋之上的后世做法不同，而是置于栱眼壁之上。它的第

图二八 佛光寺东大殿外槽补间铺作（前檐面）（自摄）

一跳华栱与第一层柱头枋搭交，与柱头铺作的第二跳华栱处在同一水平层面。同是第一层柱头枋，补间铺作隐刻泥道栱，两侧的柱头铺作隐刻泥道慢栱；第二层柱头枋则相反，补间铺作隐刻泥道慢栱，两侧柱头铺作隐刻泥道栱；第三层则又相反。这种貌似"互补"的关系可能有美观等方面的考虑，更现实的原因还是为了使柱头枋之间的散斗分布更为均匀。如果补间和柱头铺作同时隐刻泥道栱或泥道慢栱，会使相应位置的散斗分布过疏或过密。需要补充说明的是，东大殿居中五间面宽较大，补间铺作采用的都是上述处理方法；最外侧左、右间因为面宽缩小，补间铺作只在第一、三层柱头枋上影刻了泥道栱，未在第二层上影刻泥道慢栱。

第一跳华栱里、外出跳，外侧置交互斗承托翼形栱和第二跳华栱，内侧不施横栱，置散斗承托第二跳华栱。第二跳华栱也是里、外出跳，置交互斗承托令栱和耍头，耍头外形近似批竹昂，与南禅寺大殿的耍头形制相似。因为南禅寺大殿使用的也是双杪五铺作，与东大殿外檐补间铺作的相似之处颇多。外侧令栱上置齐心斗、散斗等，承托罗汉枋，里侧令栱承托平棊枋。梁思成先生当年曾对补间铺作的作用表示怀疑，"补间铺作因为没有栌斗，与阑额没有直接联系，所以像是虚悬着的，已失去斗栱在结构上原有的机能和意义”。我们认为，补间铺作具备结构上的实际功用，为罗汉枋和平棊枋增加了支撑，使它们的净跨减少了一半以上，提高了它们的承载力和稳定性。

左、右山面和后檐面的外槽补间铺作与前檐面略有不同，主要区别在于翼形栱的有无（图二九），较早关注到这一问题并进行了细致测绘的同样是清华大学团队。翼形栱在结构上缺乏实际用途，属于可有可无的构件，只在前檐面上安装它们，应该是为了增强前檐的装饰效果，与宝装覆莲柱础只用在前檐是相同的道理。有趣的是，南禅寺大殿当心间在两层柱头枋中心置散斗一枚，下层柱头枋上影刻了一个相应的构件，有学者认为是“驼峰”，但明显与驼峰下大上小的外形不符，而与东大殿所见的翼形栱更为接近。

外槽转角铺作

外槽转角铺作位于外槽4个转角的角柱之上，共4朵。这种铺作相当于把3个铺作——山面、檐面柱头铺作以及斜出铺作一一交叠在一起，在东大殿所有铺作中是外观和结构最复杂的（图三〇）。

转角铺作“其正侧两面都出双杪双下昂，如柱头铺作”（梁思成），所以我们以斜出铺作为线索进行介绍。它的位置处于“四十五

图二九 佛光寺东大殿外槽补间铺作（后檐面）（自摄）

图三〇 佛光寺东大殿外槽转角铺作（西南角）（自摄）

度角线上”（梁思成），第一跳角华栱里、外出跳，第二跳角华栱是由角乳栿的梁首斫成，这些都与柱头铺作相差不大。第二跳角华栱上的构件渐趋复杂，正、侧两面的第二跳华栱上承托的不是瓜子栱而是鸳鸯交首栱，它们在第二跳角华栱上十字相交，并与第一跳角昂交搭。如此复杂的构造，斗的“耳”无须也无法保留，所以第二跳角华栱上安置的是平盘斗，而不是交互斗。鸳鸯交首栱上承托的本应是慢栱，在此变成了第二层鸳鸯交首栱（或可称为“列栱”），在第二跳角华栱上方与第二跳角昂相交。有趣的是，第二层鸳鸯交首栱在檐面（山面）承托的是罗汉枋，伸出山面（檐面）后承托的则是撩风槫。承托构件在山面和檐面的“角色转换”是转角铺作中常见的有趣现象，我们此前在解读南禅寺时曾有论及。这种转换在东大殿更为复杂，梁思成先生曾经写道，“华栱第一跳后尾即与泥道栱相列，第二跳以上即引申为各层罗汉枋”，前半句是指檐面（山面）的第一跳华栱在山面（檐面）看来就是泥道栱，后半句应该是说檐面（山面）的第二跳华栱其实就是山面（檐面）第一层柱头枋的“引申”，考虑到“各层”明显不适合修饰东大殿仅有一层的罗汉枋，所以原文中的“罗汉枋”应是“柱头枋”的笔误。此外，檐

这种说法及其中的笔误屡见引用，所以有必要进行澄清，如：“转角后尾华栱第一跳与泥道栱相列，第二跳以上伸成罗汉枋”（张映莹、李彦主编：《五台山佛光寺》，文物出版社，2010，第 78 页）；“转角斗栱后尾第一跳华栱与泥道栱相列，第二跳以上引伸成为各层罗汉枋”（清华大学建筑设计研究院、北京清华城市规划设计研究院文化遗产保护研究所：《佛光寺东大殿建筑勘察研究报告》，文物出版社，2011，第 46 页）。

面（山面）的双下昂在柱头铺作中是由半驼峰、素枋等构件支撑，在此改由山面（檐面）的第二层及以上的柱头枋承托，使得通常隐入草栿层的昂尾露出了“马脚”。这点“马脚”在外槽转角铺作的山面或檐面都可以看到，就位于第三层柱头枋之上。这些灵活，甚至可以说“机智”的转换，不仅是精妙的构造，更是古代工匠的巧思。

第一跳角昂上置斜斗，承托第二跳角昂。第二跳角昂上的结构又比较复杂，上施平盘斗，承托十字相交的令栱，并与第三层角昂（即“由昂”）交搭。所谓“由昂”，见于《营造法式》的记载，“角昂之上，别施由昂”，按照梁思成先生的注释——“角昂背上的耍头做成昂的形式，称为由昂”[28]，可以理解为昂形耍头。东大殿的由昂上安置雕刻精美的木质宝瓶，上支大角梁，与《营造法式》中的记载大体吻合——“所坐枓上安角神，若宝藏神或宝瓶”。令栱上承十字搭交的撩风槫，撩风槫背上置生头木，并支撑斜撑，共同推高檐角。所谓“生头木”，在《营造法式》中有橑檐枋或撩风槫“至角随宜取圜，贴生头木，令里外齐平”的记载，梁思成先生解说了它的用途，“使屋脊和屋盖两头微微翘起，赋予宋代建筑以明清建筑所没有的柔

图三一
佛光寺东大殿内槽柱头铺作（自摄）

和的风格”[29]。

内槽柱头铺作

内槽柱头铺作位于内柱（也就是“内槽”）柱头之上，前、后各 4 朵，共 8 朵。梁思成先生在介绍这种铺作时专门强调了所有内槽铺作的朝向，“内槽斗栱均以正面向（内）槽内，后尾向外”。外槽铺作应是正面向（外）槽外，也就是说，内、外槽铺作的后尾都布置在内、外槽之间的区域，这个区域成了某种“过渡地带”，地位明显被“边缘化”。

“内”字为笔者所加。

柱头铺作在内槽方向连续出四跳华栱，均不加横栱，属于“连续偷心”，之上承托四椽明栿（图三一）；在外槽方向“铺作后尾……与外檐柱头铺作后尾完全相同，并相对称”（梁思成），也即第一层华栱、第二层明乳栿、第三层半驼峰和第四层素枋的结构；面阔方向上，第一层用泥道栱，之上承托层层柱头枋，分别与第二至四跳华栱以及四椽明栿等一一对应，柱头枋上交替隐刻泥道慢栱和泥道栱。四椽明栿的斜项之上置半驼峰，半驼峰上安装交互斗，承托十字相交的华栱和令栱，之上再承托十字相交的平棊枋。这部分构造在明乳栿上被有意模仿，差别仅在于后者与令栱十字相交的不是华栱而是素枋，通过在素枋上影刻华栱头，使外观与前者保持了协调。

内槽柱头铺作的四跳华栱中，第一、二跳与外槽柱头铺作的华栱基本处于同一水平层面，第三、四跳则略高于外槽的两跳下昂；四椽明栿的斜项与外槽平闇大致等高，之上继续堆叠了驼峰、华栱和平棊枋等3层构件，使得内槽平闇比外槽平闇高出1米有余。作为殿堂造建筑，东大殿的檐柱和内柱基本等高，正是依靠堆叠更多层的构件，在内槽支撑起了更加高大的空间。

内槽两山柱头铺作

内槽两山柱头铺作位于内槽两侧中柱柱头之上，左、右各1朵，共2朵(图三二)。为什么不能和内槽其他位置使用一样的柱头铺作？关键区别在于，8朵内槽柱头铺作分成4组，每组承托一根四椽明栿，两山的柱头铺作无须承托四椽明栿，因此在结构上需要做出相应的调整。

两山柱头铺作在内槽方向共堆叠了7层构件，第一至三跳华栱与内槽其他柱头铺作基本一致，从第四层开始不再向外出跳，“皆于第三跳跳头中线上施斗，成层层相叠之状”（梁思成）。第四层材的出头部分做“六分头”；第五层材的出头部分做批竹形，与外槽柱头铺作下昂的昂嘴形制相似；第六层材的出头部分做翼形，并

图三二 佛光寺东大殿内槽两山柱头铺作（自摄）

图三三 佛光寺东大殿内槽补间铺作（自摄）

施翼形横栱，分别与外槽柱头铺作的耍头和外槽前檐补间铺作的翼形栱类似；第七层与内槽柱头铺作的顶层相同，都是用十字相交的华栱和令栱承托平棊枋。此外，铺作在外槽和进深方向（内槽柱头铺作是面阔方向）的构造与内槽柱头铺作几乎完全相同。

内槽补间铺作

内槽补间铺作位于内槽柱头铺作之间或柱头铺作与转角铺作之间，即各开间的正中位置，前、后各5朵，左、右各2朵，共14朵（图三三）。

补间铺作在内槽方向从第二层柱头枋上出第一跳华栱，与第三层柱头枋处于同一水平层面，第二、三跳华栱分别与第四、五层柱头枋高度相当。第一、二跳华栱上不出横栱，为偷心造，第三跳华栱上安置令栱（靠近转角铺作的安置鸳鸯交首栱），承托平棊枋，为计心造。第一跳华栱在外槽方向上作为耍头伸出，形制与外槽补间铺作的耍头相呼应。有趣的是，耍头下方还添加了二跳“华栱”，

梁思成先生称之为“丁头拱”。

第一跳从拱眼壁上出跳，与第一层柱头枋处于同一水平层面，第二跳与第二层柱头枋处于同一水平层面。它们“貌似”承托耍头，其实只是“装饰”，因为它们都没有和柱头枋真正相交，只是利用榫卯固定在柱头枋表面而已，无法发挥实际承重作用。

古代工匠为什么要“画蛇添足”呢？关键还是想在内、外槽之间营造完全对称的观感，可以说是为了美观冗余了结构，因此梁思成先生曾对这部分的处理特别不满——“如此矫造，在结构上实为不可恕之虚伪部分”。1952 年，他

对这部分处理的批评在文中还有一处，“但如殿槽内补间铺作后尾之假作两华栱以求外形之对称者，实结构上之欺诈行为，又不禁为当时匠师惋惜也”。

再次整理、发表佛光寺调查报告时删除了这句话。通过历史资料，我们从中仍可以体悟到营造学社先贤们在建筑评价方面的一贯标准。

林徽因先生曾对此有简明、清晰的表述，“在原则上，一种好建筑必含有以下三要点：实用；坚固；美观。实用者，切合于当时当地人民生活习惯，适合于当地地理环境。坚固者，不违背其主要材料之合理的结构原则，在寻常环境之下，含有相当永久性的。美观者，具有合理的权衡，要呈现稳重、舒适、自然的外表，更要诚实地呈露全部及部分的功用，不事掩饰，不矫揉造作，勉强堆砌”[30]。理解了这三个要点，我们就能理解梁思成先生的上述评价。这三个要点，至今仍然可以当作评判优秀建筑的标准。

图三四

佛光寺东大殿内槽转角铺作细部（自摄）

内槽转角铺作

内槽转角铺作位于内槽角柱柱头之上，每个转角 1 朵，共 4 朵（参见图三三）。这种铺作与外槽转角铺作有相似之处，相当于把三个方向的铺作——面阔、进深和斜向的交叠在一起，但结构比外槽转角铺作简单很多（图三四）。比如进深方向，泥道栱伸出柱头后转换成了第一跳华栱，内槽柱头枋延伸至柱头上方与明乳栿、半驼峰、素枋等构件交接，面阔方向也大致如此，这使得三个方向的铺作无论是在内槽还是内、外槽之间，都没有外檐转角铺作那么多复杂的相互联系，结构大大简化。

内槽转角铺作比较特殊的部分在斜向部分，在内槽方向共堆叠了 7 层构件，第一、二跳华栱与内槽柱头铺作基本一致，第三层材未向外出跳，出头部分做“翼形”；第四层为华栱，继续向外出跳，此层以上不再向外出跳；第五层材出头部分亦做“翼形”，上置平盘斗，承托十字相交的“翼形栱”以及第六层材；第六层材上又置平盘斗，承托十字相交的鸳鸯交首栱以及梁思成先生称之为“批竹耍头”的第七层材。鸳鸯交首栱长度较长，由两侧补间铺作的第三跳华栱协助承托，与批竹耍头共同承托十字相交的平綦枋。

这里有个小问题需要讨论，就是第六层材的出头部分，梁思成先生在文中称为“翼形”，图中标注为“六分头”，其他学者的描述多延续了“翼形”的说法，但在笔者拍摄的照片中明显可见，至少在一组转角铺作中是与第七层材相似的批竹形，原因何在呢？我们认为可能与东大殿的装修方式有关，比如斗耳之上容易落尘积灰，也可能成为鸟雀落足之处，就用黄泥（或灰泥）封护成陡直的斜面，不仅是数以百计的斗耳，几乎所有的迎尘面或落足面，如斗与斗、枋与枋之间的空隙等都做了类似的处理。这是一项相当繁杂和细致的装修工作，遗憾的是目前还不能确定是何时进行的，只能初步判断应早于明清时期，相当一部分封护（也有学者称为“白色灰泥”[31]）因年深日久而脱落。第六层材的出头部分在增加封护以后，远看像是翼形或六分头，封护脱落之后，就恢复了批竹形的原貌。

内槽转角铺作的斜向部分在外槽方向上与柱头铺作大同小异，不再赘述。

材栔

所谓“材”，就是一座殿堂的铺作中用来做栱的标准断面的木材，它的等次是由建筑物的大小和等次所决定的[32]。根据《营造法式》的记载，材分八等，每等“材”广分为十五分°，以十分°为其厚，广者，即高，厚者，即宽，分°为“材”的最小计算单位。栔也分为八等，每等“栔”广为六分°，厚为四分°。它与“材”相配合，“材”加“栔”，谓之足材，无“栔”，谓之单材[33]。

佛光寺“殿斗栱所用材约略为 30 × 20.5 厘米，其比例与宋《营造法式》所定大致相同，而其实际尺寸较宋‘法式’一等材尤大；其栔高约 13 厘米，约合 6.3 分°，似较‘法式’所定略高。至于栌斗、散斗，其长、宽、高及耳、平、欹比例，与宋式极其相似，几可谓相同，其间极微之差数，殆因木质伸缩不匀所致，亦极可能”（梁思成）。按此折算，每分°为 2.05 厘米，此后历次测量所得分°的数值大约在 2—2.15 厘米之间。2008 年，清华大学团队使用三维激光扫描、全站仪定位及局部手工测量等技术手段，对东大殿进行了精密测量，认为每分°为 2.1 厘米。近年还有不少相关研究成果发表，感兴趣的朋友可以进一步关注。

关于东大殿的材栔，了解数值和等次只是解决了问题的一部分，更重要的部分是判断其是否存在“以材为祖”的模数制度，也就是以材或分°作为建筑设计和营建中的常数。从上文所引梁思成先生的观点来看，他无疑是认同唐代存在模数制度的，并以东大殿的泥道栱、慢栱、瓜子栱和替木等为例进行了测算，发现它们与《营造法式》中的规定相比或短或长，虽然肯定存在一定联系，但也有比较明确的差别。讨论至此，相信大家也有相似的感觉，我们在很多具体论述中引用了《营造法式》，说明它对认识唐代建筑具有巨大的辅助作用；但也有很多内容无法套用《营造法式》中的记载，这种关系似乎可以总结为——大体相符，不尽相同。

4. 装修

装修主要包括墙、门、窗、平闇等方面的内容，它们也是东大殿屋身的重要组成部分。彩塑、彩画等内容虽然也与装修有一定关联，将在“附属艺术”一节集中讨论。

墙体

东大殿的墙体主要分布在外槽和内槽，虽然不是主要的承重构件，但也发挥着重要的围护与分隔作用。

外槽墙体主要分布在大殿的后檐面及两山面，高度与檐柱阑额下沿基本齐平。墙体的收分较为明显，根据清华大学团队的测量数据，墙体在 1.8 米高处厚 1.1 米，3.4 米高处厚 1.02 米，4.02 米高处厚 0.93 米。木柱的大部分被厚墙包裹，高出墙体的部分才开始进行卷杀，显示了木柱与墙体之间的互相配合，类似的现象也见于南禅寺大殿、开元寺钟楼等其他唐代木构建筑，看来使用厚重的外墙或许是唐代木构建筑的特征之一。

墙体应为土坯垒砌，为了防止墙基发生酥碱破坏，外侧包砖（两山）或抹上灰泥（后檐），高约 1.1 米，表面涂

内侧为明代为安置五百罗汉塑像加筑的砖台，明代以前的情况不得而知。

抹白灰，上部露出土墙，用约 1 厘米厚的草泥抹平，表面涂抹土朱。《营造法式》在“砖作制度”中记载了“垒砌墙隔减之制”，梁思成先生认为应为“隔碱”，“在一般土墙下，先砌这样一段砖墙以隔碱”[34]。东大殿的做法与隔碱（清代称为“下碱”“裙肩”等）有所差别，我们怀疑只是用砖包砌，而不是先砌砖墙再在上面砌土墙，因为两山的砖墙中部各有 3—4 个等距分布的方孔（图三五），应是给内部土墙及木柱留下的通风孔。

前檐面两侧尽间设窗，窗下有砖砌槛墙，墙厚 71 厘米，无收分。

内槽墙体，“沿后内柱中线，依六内柱砌‘扇面墙’尽五间之长，更左右折而前，三面绕拥如巨屏”（梁思成），

图三五—图三六

图三六 佛光寺东大殿板门（自摄）

围护着巨大佛坛上的众多彩塑。墙厚 15 厘米，亦无收分。

门窗

东大殿共设 5 门 4 窗，5 门全部设在前檐中间，4 窗有 2 窗设在前檐尽间，2 窗设于两山最后（东）一间。

东大殿正中五间全部辟门，以便观瞻佛像。现存的唐代木构建筑中，开元寺钟楼的大门是唐代原物，但在数量、体量、内涵等方面都远逊于东大殿。东大殿的大门为板门（图三六），亦称“版门”，均为对开，共有门扇 10 扇，每扇宽超过 1.9 米、高度超过 3.7 米，“其造门之制，为现存实例所未见”（梁思成）。门扇主体为 9—11 根窄长的板材，因为辟门的五间均无墙体，门扇在一定程度上还要发挥墙体的作用，所以用材厚重，具有较强的封闭性。门扇背面横施五楅，门钉从正面钉入，每路门钉对应一楅，每路 9—11 钉，将窄长的板材紧密固定在一起，门扇正面还装有铁铺首。

门扇依靠门槛、门颊、门额等构件安装在檐柱之间，这些构件“均用版合成，中空如盒”（梁思成）。门额内侧安鸡栖木，系与门同长的木板，门轴上端插入其中；鸡栖木由 4 枚门簪固定在门额上，均未穿出至门额外侧，使得大门正面保持了高度简洁；门槛内侧安枋木一根，门轴下端插入其中。

梁思成先生在发现东大殿时指出，“门部结构恐为明以后物，其结构法是否按最初原形，则待考也”，有学者据此认为梁先生判断大门晚于明代，恐系误读。因为梁先生指的是“门部结构”，而非大门本身，大门背后曾经发现有明永乐五年（1407）题记被楅木所压[35]，说明大门确实在明代以后进行过整修，证明梁先生的判断十分准确。

近年来，清华大学团队在柴泽俊先生以往推断的基础上，关于大门的位置提出以下观点——“东大殿始建时，板门位于前内槽柱列明、次、梢间，而前檐柱应原为檐廊……”并列举了多条相关证据[36]。我们对此观点持谨慎态度，认为仅凭现有证据还无法使新观点成为定论。从设计理念和实际效果出发，我们倾向于认为东大殿的大门的现状即原状。

东大殿前檐尽间各设直棂窗，每窗施版棂 15 根，中央横施承棂串，通过窗额、立颊、下串等构件的配合，安装在阑额与槛墙之间。两山最后（东）一间所设直棂窗形制大致相同，因为殿内后部的采光主要依靠这两处直棂窗，室内光线较为幽暗。

平闇

平闇，也就是后世所谓“天花板”，在东大殿内槽和外槽均有铺设。根据《营造法式》记载，“于明栿背上，架算程方，以方椽施版，谓之平闇；以平板贴华，谓之平棊”，东大殿的天花更符合“平闇”的记载。

平棊枋（即“算程方”）是平闇的“骨架”，内槽的平棊枋由四椽明栿正中驼峰上十字相交的斗栱、内槽（含两山）柱头铺作顶部的华栱及与其十字相交的令栱、内槽转角铺作及两侧补间铺作共同承托的十字相交的鸳鸯交首栱等共同支撑。这些支撑点使得平棊枋纵横交错，分成10个大方格，前后2排，每排5个，位于两翼的4个大方格略小于位于它们之间的6个。每个大方格之内，先沿进深方向以约20厘米的间距排布一根根边长约10厘米的方椽，再沿面阔方向以同样的间距交搭方椽，“织”成网格。每个大方格的中央都特意将四个格眼合并成一个稍大的格眼（在以往调查报告中未见专称，为了行文方便，下文以“方心”代称），边长约50厘米，“以破除小格之单调”（梁

清华大学团队的测量结果是方椽（他们称为“平闇椤木”）边长9.3厘米，间距21.3厘米。

思成）。方心内的四角各钉一块三角形木块，作成“八角小井”，因为时代久远，个别方心内的三角形木块已经掉落。

平棊枋背上刻槽，以便容纳和固定方椽，方椽之上满覆厚约3厘米的长条形木板（梁思成先生称为“素版”），即所谓“方椽施版”。平棊枋与柱头枋之间还要向下斜安一根根“峻脚椽”，椽上盖满长条形的遮椽板。这些构件相互配合，实现了对草栿层的完全遮蔽，给佛坛上的塑像增加了一个“盝顶”形的保护罩。遥想当年，盝顶之下、内槽之中，应该是装饰富丽、彩画华美，上悬经幡、缨络，下积法器、香花，宛如宝盖、佛帐的佛台，堪比殿中之殿、堂中之堂。

从殿内仰望的话，平闇显得精致甚至纤薄，其实十分稳固，当我们考察草栿层时就在上面行走，完全不用担心承重问题，只是个别地方板缝较大，可以窥见殿内的塑像和游客。梁思成先生曾经指出，东大殿的平闇与辽代建筑独乐寺观音阁的平闇样式“完全相同”，显示了它们之间的紧密联系。还有一点值得注意，观音阁所用藻井是中国古代木构建筑中现存最古老的，其平面形状就是八角形，联想到东大殿的“八角小井”，虽然简陋，但似乎可以视为藻井的前身。

外槽平棊枋的主要支撑有明乳栿之上素枋及与其十字相交的令栱和内、外槽补间铺作耍头及与其十字相交的令栱等，共构成18个大方格，其中内槽前（西）、后（东）各5个，左（南）、右（北）

各 2 个，转角各 1 个，它们的布椽覆板方式都与内槽平闇基本相同（图三七）。外槽的平綦枋与柱头枋之间也安装了峻脚椽和遮椽板，就像一条顶部作盝顶形的甬道，环绕着内槽。因为内、外槽平闇的支撑结构不同，造成内高外低的空间差别，内槽平闇距地高度为 8.7 米，外槽平闇为 7.21 米。

有趣的是，方心只见于内槽前（西）面的 5 个大方格，

在山西省古建筑保护研究所、清华大学建筑设计研究院等单位测绘的图纸中，均显示内槽前（西）、后（东）两面的 10 个大方格都有方心并作成“八角小井”，笔者在考察所摄照片中未发现相关迹象，存疑不论。（参见：张映莹、李彦主编：《五台山佛光寺》，文物出版社，2010，第 75 页。清华大学建筑设计研究院、北京清华城市规划设计研究院文化遗产保护研究所：《佛光寺东大殿建筑勘察研究报告》，文物出版社，2011，第 282—283 页。）

而且就目前所见均没有做成“八角小井”。藻井在殿堂中一般用于中心位置，比如尊像之上，以突显特定空间的地位，因此用不用藻井、用什么样的藻井反映着相应空间的主次地位。东大殿的平闇中，只在内槽及其前面做出方心，对应着佛坛及其前面的礼拜空间，显示这部分空间的重要性超过内槽其他三面。如果做“八角小井”是有意为之，再加上内、外槽平闇之间近 1.5 米的高差，显示出佛坛的重要

图三七

佛光寺东大殿外槽平闇（自摄）

性比坛前礼拜空间更胜一筹。小小的方心，看起来很不显眼，但很可能发挥着指示东大殿内部空间主次地位的重要作用。

此外，大殿外檐也在罗汉枋等构件之上设置了遮椽板，对上部结构进行了遮蔽，将明栿层与草栿层的区隔由殿内延展到了殿外。

三、屋盖

屋盖是东大殿最显著的外部特征之一，“庞大豪迈”的观感有相当一部分是由它营造出来的。从殿前地面算起的话，大殿通高（至鸱吻顶部）16.21 米，不到大殿通面阔的 1/2，略显扁平，在视觉效果上具有突出的稳定感。

屋盖形制为单檐庑殿顶（图三八）。庑殿顶是中国古建筑中的最高形制，常用于宫殿、坛庙一类的皇家建筑，屋顶有一条正脊和四条垂脊组成，所以也可以称为“五脊殿”，五条屋脊将屋盖划分成 4 个坡面（前后梯形、左右三角形），所以也被称为“四阿（ē）顶”。现存唐代木构建筑中唯有东大殿使用的是庑殿顶，其余均为歇山顶，从屋盖角度来说，东大殿也是卓尔不群的。

取得屋盖斜坡曲线的方法，《营造法式》中称为“举折”，总举高与前后撩风槫间距离的比值通常被用来衡量举折（也就是“坡度”）的缓急。梁思成先生当年调查时测量的比值是 1∶4.77，清华大学团队测的比值是 1∶4.49，无论哪一个数值，都比《营造法式》所规定的 1∶4、1∶3 的比值要低，比值越低，坡度越平缓舒展。南禅寺大殿的比值为 1∶5.15，清华大学团队的最新测量比值为

图三八

佛光寺东大殿屋盖（自摄）

1∶5.34[37]，平缓程度尤胜于东大殿。中国古代建筑屋顶坡度的变化规律是由缓和趋向陡峻，南禅寺大殿和佛光寺东大殿的屋顶坡度正是早期古建筑平缓做法的代表。

屋盖的基本做法是，首先在槫上搭放椽，然后在椽上铺排望板，望板之上敷设苫背，苫背之上覆盖瓦件等。

椽俗称“椽子”，断面一般为圆形，发挥着构成屋面的重要作用，东大殿所用“椽”类构件有脑椽、上花架椽、下花架椽、檐椽等，直径在 15 厘米左右，整齐地排布搭放在相邻的两道槫之上，形制比较特殊的是檐椽，它们的外端均被切削成方形，即梁思成先生所说“柱头卷杀甚急，斫成方头”。唐代以后的木构建筑中，檐椽之上常附加飞椽，飞椽也称为“方椽”“飞子”等，断面为方形，因此有学者在绘制东大殿梁架结构示意图时复原了“飞子”[38]，但是现存唐代木构建筑中均未发现使用飞椽的情况，这种复原缺乏足够的证据。至于东大殿檐椽的外端为什么如此特殊，我们认为梁思成先生当年的怀疑是有道理的——“其是否原状，不无可疑之处”，可能是后世认为方形断面的飞椽更为多见，对其进行了加工“美化”。

椽上铺排横望板和栈条等。据清华大学团队测量，望板宽约 20、厚约 1 厘米，木质为油松，与其他结构构件的木质相同；栈条长约 40、直径约 3 厘米，木质为柳木（图三九）。横望板主要分

图四〇 — 图四一
图三九

图三九
佛光寺东大殿栈条（自摄）

图四〇
佛光寺东大殿檐头重唇板瓦（自摄）

图四一
佛光寺东大殿屋面板瓦（自摄）

布在前檐及上平榑以内，栈条分布在东、南、北三面中平榑至外檐之间。横望板和栈条之上敷设苫背，可能是含有细石子的黄土。

大殿屋盖表面覆瓦，只用板瓦，仰合相扣。梁思成先生当年调查时曾记录了板瓦规格，长约 50、宽约 31、厚约 3.5 厘米，“颇为硕大”。瓦垄以中线至中线 52—53 厘米的距离排布。檐头用重唇板瓦，“其重层饰华（花）作双行连珠纹，唇外缘作锯齿形”（图四○）。我们曾对东大殿的屋盖进行过考察，发现瓦件的规格并不统一，有的形制与其他瓦件不同，有的尺寸明显小于梁先生的记录，一列瓦垄上铺设 2 块较大的板瓦相当于另一列瓦垄上铺设 3 块较小的板瓦（图四一）。瓦件的形制、尺寸之所以如此多样，应该是历代维修造成的，每次维修都会撤除一些损坏瓦件，并以新的瓦件替换，使得屋盖的瓦件慢慢变成了“万国造”。还有一个值得注意的细节是，重唇板瓦只用在前檐檐口，后檐及两山檐口的做法略有不同，仰瓦是一层普通板瓦，合瓦是摞在一起的两块普通板瓦，远看的话有点像前檐使用的重唇板瓦，也是突出前檐装饰性的一种处理。

东大殿屋盖所用的瓦件，尤其是重唇板瓦与文殊殿所用的几乎完全一样，所以目前所见的覆瓦情况应该不是唐代原貌。我们推测，金代在修建文殊殿时，可能一并对东大殿的屋面进行了大修，用文殊殿相同的瓦件重新铺设了东大殿的屋面。因为文殊殿使用的是只用板瓦的“小式瓦作”，而不是兼用板瓦、筒瓦的“大式瓦作”，使得本应使用“大式瓦作”的东大殿也被“统一”成了“小式瓦作”。这次大修彻底改变了东大殿屋面的外观，后代可能无力再进行如此规模的彻底重铺，只是对损坏瓦件进行部分替换，为了维持屋面的外观协调，新换的瓦件，尤其是重唇板瓦尽可能仿制了金代的形制，最终形成了我们今天看到的样貌。

正脊，也称为“大脊”，位于屋盖的最高处，下压前后屋面的交接线，最初可能只是在交接线上多垒砌几层瓦片，起到加固和防水的作用，随着时代的变迁，瓦片越垒越高，几乎就成了一道墙体，不仅具有功能性，也具有装饰性。东大殿的正脊在当沟瓦和线道瓦之上，垒砌形似板瓦的瓦条 19 层，顶部以形似筒瓦的盖脊瓦封口（图四二）。正脊两端各连接两条垂脊，下压前后屋面与两山屋面的交接线，每条垂脊用 9 至 10 层瓦条垒砌而成。这种用瓦条垒砌屋脊的方式称为“瓦条脊”，主要流行于元代以前，与我们之前金代重铺屋面的推测并不矛盾。

正脊和垂脊之上都有附加装饰，一般统称为“脊饰”，其中最引人注目的是正脊两端的琉璃鸱吻。鸱吻体量庞大，

图四二 佛光寺东大殿正脊（背面）（自摄）

图四三 佛光寺东大殿鸱吻（北侧正面）（自摄）

图四四 佛光寺东大殿火珠（左：正面；右：背面）（自摄）

图四二 图四三

图四四

虽然顶部残损，高度仍达 3.07 米，大口咬住正脊，尾部高高扬起，身上塑有盘龙，线条简洁流畅，形象生动有力（图四三）。一个有趣的细节是，鸱吻两面的盘龙形态不同，以北侧鸱吻为例，正（西）面的盘龙后爪下蹬，龙身上升，一只前爪高举，即将抓住火珠；背（东）面的盘龙龙尾上卷，龙身下降，一只前爪上扬，作势抓取火珠。相同的鸱吻安装在正脊两端以后，我们就能看到正脊的任何一侧都是一端升龙一端降龙，遥相呼应；除了鸱吻上的小火珠，正脊中央还有更大的火珠，鸱吻张口欲吞珠，盘龙环绕将戏珠，形成了紧密的联系和丰富的意象。

火珠，亦称"宝刹"等，位于正脊中央，顶部略残，现存高度 2.66 米，珠下有座，正、背面塑神将、胡人、僧侣、鬼怪等，两侧塑兽首咬住正脊。火珠之下还有层层覆莲、仰莲等托举，形制繁缛华丽（图四四）。

鸱吻是在琉璃烧制成后再进行拼装的，鸱吻目前可辨 11 块，估计原有 12 块，拼装在一起以后用铁趴钉进行固定，鸱吻上的裂缝也有用趴钉进行固定的痕迹；火珠目前可辨不少于 8 块，拼装在一起后用白灰等进行了粘合。

除了这些装饰正脊的大型琉璃脊饰之外，垂脊上还有小型琉璃脊饰、素胎垂兽、灰陶小兽等装饰。为了方便描述，我们将 4 根垂脊根据指向分别称为东北、西北、东南和西南垂脊，下面以西北垂脊为例进行说明，由高到低的第一件垂脊饰是琉璃脊兽，兽身已经不存，残存的四爪牢牢扣抓在琉璃筒瓦表面（图四五），同属前檐的西南垂脊上也发现了相同饰件，一样仅存四爪，东南、东北垂脊上未发现。这件垂脊饰因为残损严重，所以常被忽视，我们认为它还是比较重要的，反映了对前檐装饰的加强和重视。下一件垂脊饰是灰陶小兽，4 条垂脊中有 3 条在这一位置装饰的是鱼形动物，外形比较“呆萌”（图四六）。再下一件是所有垂脊饰中最大、最复杂的，一只威风凛凛、神采奕奕的狮子蹲坐在方形须弥座上，座下在垂脊两面还贴塑了琉璃兽面（图四七）。同属前檐的西南垂脊上使用了一模一样的饰件，东南垂脊的相同位置装饰的是琉璃火珠，体量小于蹲狮，形制也较为简单，东北垂脊上装饰的是灰陶小兽，怀疑原本也是琉璃火珠，损毁后才被代替。蹲狮与火珠的区别，同样体现了对前檐、后檐装饰的差别对待。蹲狮下的方座与正脊火珠中的方座形制高度相似，很可能是同一时代的产品。琉璃蹲狮的下一件又是灰陶小兽，再下一件是素胎垂兽，嵌在垂脊的末端。垂脊末端至檐角之间还有 3 只灰陶小兽，其他 3 条垂脊也基本如此布置。

梁思成先生一度认为，鸱吻“但就琉璃质泽观之，似为明代物”，

图四五 图四七

图四六

图四五 佛光寺东大殿西北垂脊琉璃脊兽（自摄）

图四六 佛光寺东大殿东北垂脊灰陶小兽（自摄）

图四七 佛光寺东大殿西北垂脊琉璃蹲狮（自摄）

火珠“颇为繁缛，恐属清代所造”，垂脊饰“其兽形亦似明清以后粗劣作品”。现代学者多通过与文殊殿脊饰的比较，判断东大殿的鸱吻、火珠等为元代补造，其他蹲兽、小兽等可能是清代作品[39]。我们认为，如果正脊琉璃饰件的年代判断无误的话，垂脊的琉璃脊饰，如蹲狮、火珠等很可能也属于元代。

四、附属艺术

梁思成先生在佛光寺的调查报告中专列“佛殿附属艺术”一节，将塑像、石像、壁画、题字列入其中，“石像”已转移至山西博物院保存，我们将在后续章节介绍，下面将主要介绍彩塑、彩画和题记等。

1. 彩塑

虽然我们遵循梁思成先生的先例，将“彩塑”列入“附属艺术”，似乎彩塑从属于建筑，但实际情况很可能是建筑从属于彩塑，也就是说，不是有了这样的建筑才决定安置什么样的彩塑，而是因为要安置这样的彩塑才决定了修建什么样的建筑。

为什么这么说?

例如“金箱斗底槽”的结构，为东大殿提供了极为宽敞的内部空间，尤其是内槽部分，上文提到的高大宽阔的“无柱空间”保证了安置造像的自由度。这种结构还保证了内槽和外槽空间的相对独立性和完整性，外槽是信众进行礼

图四八 佛光寺东大殿彩塑（自摄）

拜活动的空间，既方便坛前礼拜，也方便环绕礼拜。

又如居中五间面宽相等的布局，佛坛横跨五间，每间对应一组造像，五间等宽，以示诸佛平等；五间辟门，便于观瞻大像。

再如内槽的细部构造，三世佛的背光伟岸堂皇，为了避让背光，补间铺作都安置在背光之后，柱头铺作都安置在背光之间，前者在内槽方向上比外槽高二层柱头枋才出跳，导致“全殿唯一虚伪结构”的出现，除了上文提到的因素，是不是也有迁就背光的原因？柱头铺作承托着 4 根形制修长、线条优美的四椽明栿，连续偷心的斗栱翼护着三尊大佛，使人感觉佛像置身龛帐之中，增加了庄严肃穆之感；五间等宽是外观的诸佛平等，内槽平闇代表了内在的主从有别，三世佛顶上的平闇面积最大，文殊、普贤顶上的平闇明显缩小，对应了主尊和胁侍的差别。

凡此种种，给人的印象是，这样的建筑设计不仅是精心选择，简直可以说是量身打造，使得佛殿、佛坛和佛像密不可分，宛如三位一体（图四八）。

佛坛

东大殿内的彩塑有唐代塑像、明代塑像和悬塑等，其中唐代塑像无疑是精华所在，它们基本都被安置在佛坛之上，居于大殿内最核心、最彰显和最尊贵的位置上。

佛坛长 26.31、宽 6.55、高 0.74 米，面积 172.3 平方米，占据了内槽 2/3 以上的空间。如此巨大的佛坛不仅在现存唐代木构建筑中无与伦比，在已经发现的唐代寺庙遗址中都罕有匹敌。佛坛的形制属于方直台基，四壁平直，没有束腰，前面砖砌护墙，用砖 14 层，墙面涂抹白灰（图四九），其余三面用土石砌筑，外表用黄泥抹平，顶面用边长 31 厘米的方砖铺墁。关于佛坛的内部结构，很多学者认为是依岩凿就，比如清华大学团队认为，“佛坛东、南、北三面佛坛为原有山岩凿成”[40]，我们在考察中曾反复观察，虽然无法利用设备透视佛坛，但在内柱柱础下还是发现土石砌筑的痕迹，所以佛坛的主体部分应该不是堑山预留，而是另行砌筑。精心砌筑的佛坛宛如一艘稳固的方舟，

图四九 佛光寺东大殿佛坛前面砖墙（自摄）

将几十尊唐代彩塑精品从近 1200 年前安全地运载到今天，乃至遥远的未来。

像设

佛坛上的彩塑共 35 尊，可以细分为 5 组，我们将从中央到两边分组介绍。

正中组以释迦牟尼为主尊，两侧是阿难、迦叶、胁侍菩萨、供养菩萨等，共 7 尊塑像（图五〇）。释迦牟尼佛像高约 5.5 米[41]，正向前方，螺髻，身着袒右袈裟，右手做触地印（又称“降魔印”，所以梁思成先生曾称之为“降魔释迦”），左手做禅定印（手中佛钵是 20 世纪 20 年代重妆时所加），结跏趺坐于长方形须弥座上，身后有巨型头光、身光等，高度几及平闇。阿难、迦叶和 2 尊胁侍菩萨像斜向前方，翼护主尊，神情安详，体态修长，衣饰分明，足踏莲台。弟子像高约 4.19 米，胁侍菩萨像高约 3.72 米，尤其是后者头戴高冠，身披天衣，披帛曳地，尽显柔美。供养菩萨像位于佛座前方，高约 1.94 米，衣饰与胁侍菩萨相似，手持托盘，盘中瓜果等供品也是近代重塑，胡跪在高蒂莲座之中。所谓“胡跪”，是佛教徒跪坐致敬的礼节，右膝着地，竖左膝危坐，倦则两膝姿势互换。菩萨胡跪以显示对佛祖的恭敬供养。

右一组以阿弥陀佛为主尊，两侧是胁侍菩萨、供养菩萨等，共

图五〇 佛光寺东大殿彩塑（正中组）（自摄）

图五一 佛光寺东大殿彩塑（右一组）（自摄）

7 尊塑像（图五一）。阿弥陀佛像高约 5.46 米，正向前方，水波纹发髻，内着僧祇支，外穿双领下垂式袈裟，双手在胸前结印，梁思成先生认为“略如‘安慰印’”，我们认为可能是“转法轮印”，是唐代以来阿弥陀佛的常见手印，结跏趺坐于菱花形须弥座之上，身后有头光、身光等。除弟子被替换为胁侍菩萨以外，其他胁侍菩萨、供养菩萨的尺寸、分布和形貌与正中组基本相同。

左一组以弥勒佛为主尊，两侧是胁侍菩萨、供养菩萨等，共 7 尊塑像（图五二）。弥勒佛像高约 5.46 米，正向前方，螺髻，内着僧祇支，胸前系带，外穿双领下垂式袈裟，右衣角搭于左下臂，右手抬起做说法印，左手靠在腿上，做与愿印，垂足坐（又称“倚坐”）于近方形佛座之上，双脚各踏莲台。胁侍菩萨、供养菩萨的尺寸、分布和形貌与右一组基本相同，唯左侧供养菩萨像姿容姣好，秀外慧中，在所有供养菩萨像中最为出众（图五三）。

右二组以文殊菩萨为主尊，两侧是胁侍菩萨、于阗王、童子（也有人称为“金童”“善财童子”）等，共 5 尊塑像（图五四）。文殊菩萨像通高 4.345 米，头戴化佛冠，肩覆云

梁思成先生曾根据“花冠有阿弥陀化佛，为观音最显著之标志”，判断此尊应为观音菩萨像，现学术界已统一意见，认为确系文殊菩萨像。

图五二 佛光寺东大殿彩塑（左一组）（自摄）

图五三
佛光寺东大殿彩塑（左一组）供养菩萨（自摄）

图五四——图五五

图五四 佛光寺东大殿彩塑（右二组）（自摄）

图五五 佛光寺东大殿彩塑（左二组）（自摄）

肩，身穿铠甲，胸甲上有螺旋状花纹，双臂饰有张扬的焰袖，双手一高一低，共持如意，半跏趺坐（又称“舒坐”）于青狮所驮莲花座上。青狮威武雄健，张口回首，鬃毛飘摆，脖系红缨，足踏莲台。文殊菩萨两侧各有 1 尊胁侍菩萨，最有意思的是左侧一尊，与文殊菩萨一样肩披云肩，身穿甲胄，胸甲上也有螺旋状花纹，在全部 14 尊胁侍菩萨

弥勒佛像旁有 1 尊胁侍菩萨穿类似铠甲，但无云肩。

中仅此一例，显示了她作为文殊眷属的独特身份。青狮前有 1 尊头戴冠冕、身穿衮服的牵狮人像，一般认为是于阗王；旁边还有 1 尊童子像，双手合十，脚踏莲台。

这组塑像附近另有 1 尊护法天王像，他不属于文殊菩萨的眷属，而属于佛坛上的整组造像，位置靠近佛坛前沿，像高 4 米有余，全身甲胄，瞪目怒吼，右手举剑，剑尖上指。

左二组以普贤菩萨为主尊，两侧是胁侍菩萨、昆仑奴（也有人称为“獠蛮”）、童子等，共 5 尊塑像（图五五）。普贤菩萨像通高 4.66 米，头戴花冠，身着轻薄贴体的天衣，双手一高一低，共托经卷，半跏趺坐于六牙白象所驮莲花座上。白象身躯伟岸，足踏莲台。普贤菩萨两侧各有 1 尊胁侍菩萨；白象前有 1 尊胡人样貌的牵象人像，一般认为

图五六
佛光寺东大殿韦驮像（自摄）

是昆仑奴；旁边还有 1 尊童子像，双手合十，双脚分踏莲花。

这组塑像附近还有 3 尊塑像，需要一一说明：首先是护法天王像，与文殊菩萨附近的护法天王像遥相呼应，位置靠近佛坛前沿，像高 4 米有余，全身甲胄，瞪目抿嘴，右手握剑，剑尖上指。其次是宁公遇像，由梁思成先生等推定，位置介于胁侍菩萨和护法天王之间，背靠内槽南墙，“为年约四十余之中年妇人，面貌丰满，袖手趺坐”，下有长方形台，“塑工沉厚，隆杀适宜，故宁公遇状貌神全，生气栩栩，丰韵亦觉高华”（梁思成）。再次是韦驮像，位置介于左一、左二组造像之间，靠近佛坛前沿。韦驮顶盔掼甲，手持金刚宝杵，坐于长方形台上（图五六）。这座塑像从形、神等各方面都与其他塑像格格不入，原本位于佛光寺山门，应为明清时期塑像，山门损毁时移至此处，此后山门虽然重建，韦驮像却成了“钉子户”，一直留在了东大殿。

上文介绍了佛坛上 35 尊塑像的概况，提一个思考题，佛坛上共有多少尊唐代彩塑呢？

首先应该排除掉韦驮像，剩下的 34 尊呢？

三世佛（3 尊）、弟子（2 尊）、文殊（1 尊）、普贤

图五七
佛光寺东大殿于阗王像（左）、昆仑奴像（中）与南禅寺大殿昆仑奴像（右）对比（自摄）

（1 尊）、胁侍菩萨（14 尊）、供养菩萨（6 尊）、护法天王（2 尊）、于阗王（1 尊）、宁公遇（1 尊）等 31 尊，形貌与风格大致统一，并多可与同时期唐代塑像、雕像、画像中的类似形象相互印证，可以率先通过审核。剩下的 3 尊在造像群中体量最小，或多或少存在一些问题，需要严格审核。首先是普贤像旁的昆仑奴像，对比文殊旁的于阗王，高度明显矮一头，塑造明显粗劣，如果再和南禅寺大殿昆仑奴相比的话，在形貌、姿态、塑工等方面都差距明显（图五七）。为了增加形象的动感和视效的张力，唐代雕塑和图像中的昆仑奴和于阗王一般都是身体微前躬或后仰，做用力状。南禅寺大殿和佛光寺东大殿的相关塑像中，只有东大殿的昆仑奴身僵体直，所以更加深了我们对它的怀疑，推测不是唐代原塑，可能是明清时期补塑。

其次是文殊、普贤像旁的 2 尊童子像。文殊旁的童子像体量稍大，身体微躬，衣饰与其他唐塑有相似之处，脚下的莲台与其他塑像相同；普贤旁的弟子像体量较小，身体僵直，衣饰呆板，脚下各踩一朵莲花，其他塑像未见使用相似莲花的。如果和南禅寺大殿的童子像比较的话，文殊像前的童子像明显更为相似，而普贤前的则相差甚远（图五八），推测也是明清时期补塑，补塑时可能参考了文殊前的弟子像，但是塑工粗劣，给人东施效颦之感。

如果上述判断无误的话，东大殿佛坛上共有 32 尊唐代彩塑。这个数字虽然比某些文献记录的略少一点，但并不影响这批塑像的珍贵价值。大英博物馆收藏的敦煌文献 MS397《五台山行记残卷》中记载，“（佛光寺）兼有大佛殿七间，中间三尊，两面文殊普贤菩萨”，文献的时代略晚于后唐长兴二年（931），也就是将近 1100 年前，是目前所知关于东大殿像设的最早记载，与今天的情况基本相符，可见东大殿的像设虽经重妆，但基本保持原状。

略有遗憾的是彩塑的色彩，正如梁思成先生所说，“主要诸像姿势劲雄，胁侍塑法，生动简丽，本皆精湛之作，惜经俗匠重妆，轮廓已稍模棱，且色彩鲜缦，辉映刺目，失去醇和古厚之美。所幸原型纹褶改动尚微，像貌线条，犹未尽失原塑趣味及特征”。我们现在看到的艳俗色彩，应该是 20 世纪 20 年代上色的，但是那次上色并没有对纹饰进行大的改动，佛像袈裟上那些“违和”的龙纹等应该绘制于清乾隆九年（1744），据当时所立《佛光寺重修东殿神龛庄严金像成功碑记》载，“修理神龛正中如来大像三尊，两旁文殊、普贤二大菩萨金像并侍像三十一尊，处心庄严莲座、狮像，彩绘装

图五八

佛光寺东大殿文殊前童子像（左）、普贤前童子像（右）及南禅寺大殿文殊前童子像（中）对比（自摄）

饰”，此后未见重装塑像的相关记载。所以，东大殿的彩塑在规模、

^

此碑现存东大殿前檐北侧。碑文中提及塑像34尊，说明韦驮像当时尚未移至东大殿佛坛。

体量等方面胜过南禅寺大殿，但在年代、色彩等方面略逊一筹。

比较

现存的唐代木构建筑中，只有南禅寺大殿和佛光寺东大殿保留了原塑，下文将对它们进行比较分析，从相同点和不同点中加深对唐代佛教彩塑的了解。

南禅寺大殿的佛坛平面呈“凹”字形，东大殿的呈长条形，这可能是因为南禅寺大殿内空间紧张，通过佛坛中部内凹适当扩展了礼拜空间。佛坛面积方面，后者是前者的3.3倍，高度方面相差不大，都是0.7米左右。前者是须弥台基，包括后者在内的唐五代木构建筑中佛坛多是方直台基，所以我们怀疑前者经过后世修饬。两座佛坛都占据了室内面积的大头，前者占室内面积的近50%，后者占内槽面积的2/3以上。佛坛周围都设计了环绕礼拜的空间，后者是更为讲究的金箱斗底槽，坛前礼拜和环绕礼拜具有相对独立的空间。佛坛上造像的分布都略呈“【”形，东大殿的虽不如南禅寺大殿明显，但是位于佛坛两端的护法天王像，还是完成了这个近乎三面包围的布局。

南禅寺大殿原有彩塑17尊，佛光寺原有彩塑34尊，数量刚好相差一半，前者如果算是“标准杯”的话，后者可以算作“超大杯”，“标准杯”和“超大杯”的“基本配方”相同，在部分内容上有“减配”或“加料”。释迦牟尼像都占据最核心的位置，其余尊像都从他两翼展开，基本左右对称。为了突出释迦牟尼像“唯我独尊”的地位，它在南禅寺大殿的所有塑像中体量最大，独有高大的舟形背光和装饰繁缛的须弥座；东大殿由一尊扩展成三尊，增加了信仰对象，丰富了宗教内涵，三尊均享有背光、须弥座等装饰，但中间的释迦牟尼像比两侧主尊均高出4厘米，是三尊中的主尊。对比两座大殿的释迦牟尼像（图五九），可以发现前者身躯丰壮，衣褶流畅，无疑保留了更多唐韵；后者虽唐韵犹存，但身躯略显单薄，衣纹、色彩等多已改动，原真不足，风采稍逊。就建筑和塑像的保存情况而言，佛光寺东大殿的建筑保存良好，未经后代过多干预，塑像保存较差，后代干预较多，南禅寺大殿则恰恰相反。

释迦牟尼像两侧是阿难、迦叶二弟子像。东大殿的弟子像身躯高大，比胁侍菩萨高出约半米，几乎能赶上骑狮、

图五九 南禅寺大殿和佛光寺东大殿释迦牟尼像对比（左为南禅寺，右为佛光寺）（自摄）

乘象的文殊、普贤像，以如此高大的弟子像夹辅释迦牟尼像，也进一步凸显了他的核心地位。南禅寺大殿的弟子像虽没有东大殿的突出，但与佛光寺无垢净光塔出土的唐代石雕弟子像更多相似之处，显示其保留了更多的唐代风貌。

弟子像两侧是胁侍菩萨像。南禅寺大殿在此稍有"减配"，弟子像外侧的 2 尊胁侍菩萨像站立在释迦牟尼像和文殊、普贤像之间，既可以视作前者也可以视作后者的胁侍。东大殿的胁侍菩萨配置很有等次，释迦牟尼的胁侍是弟子 2 尊、菩萨 2 尊，阿弥陀佛和弥勒佛的胁侍是菩萨 4 尊，文殊和普贤菩萨的胁侍则减为菩萨 2 尊。

释迦牟尼像前方安置一对供养菩萨像，东大殿的阿弥陀佛和弥勒佛像前亦有安置，文殊和普贤菩萨像前则无，秩序井然。

文殊菩萨像均位于主尊右侧，这种安排是很有讲究的，我们在解读南禅寺时曾经做出说明，佛光寺东大殿的塑像布局乃至金代文殊殿的位置都延续了南禅寺的传统，这是唐代也是五台山地区的传统。南禅寺大殿中的文殊是目前所知年代最早的"新样文殊"（亦称"护国文殊"）造像之一[42]，东大殿文殊像亦属"新样文殊"，但在南禅寺的

图六〇 南禅寺大殿、佛光寺东大殿文殊菩萨像对比（左为南禅寺，右为佛光寺）（自摄）

图六一 南禅寺大殿、佛光寺东大殿普贤菩萨像对比（左为南禅寺，右为佛光寺）（自摄）

基础上有所变化，头戴的花冠变成了化佛冠，衣饰保留了云肩和铠甲，袖口改为火焰状，坐姿由结跏趺坐改为半跏趺坐，手执如意可能也是新出现的特征（图六〇）。东大殿塑像的时代比南禅寺大殿晚 75 年，上述变化表明“新样文殊”的粉本或图样也在随着时代而变化。所以从南禅寺到佛光寺，刚好反映了“新样文殊”由出现走向定型的过程，弥足珍贵。

“新样文殊”另一个重要发现地是敦煌莫高窟，如 220 窟甬道的底层壁画，有后唐同光三年（925）的明确纪年，是莫高窟最早的、纪年明确的“新样文殊”图像，这尊文殊菩萨头戴三珠冠（即“花冠”），身着天衣璎珞，手执如意，半跏趺坐，虽然比东大殿文殊菩萨像晚了近 70 年，穿戴三珠冠、天衣璎珞等还可以视为“旧样文殊”的特点，说明这时对“新样文殊”的图像尚在接受之初，并未彻底摆脱“旧样文殊”的影响，再次说明了五台山地区在文殊信仰传播及文殊图像创制方面所处的领导地位。

普贤菩萨像都位于主尊左侧，东大殿的普贤菩萨头戴高冠，半跏趺坐，应是为了与文殊菩萨像更为协调而做出的调整（图六一）。

护法天王像都位于造像群边缘，靠近佛坛前沿，南禅寺大殿的天王像体量较小，塑艺精湛；东大殿的天王像体量更大，精细略逊。

此外，东大殿佛坛上还有一尊世俗装扮的宁公遇像，是不见于南禅寺大殿的特点。

明代彩塑

东大殿南尽间窗下有一尊造像（图六二），面向佛坛，背倚檐墙，“像表情冷寂清苦，前额隆起，颧骨高突，而体质从容静笃，实写实人像之尤者”（梁思成）。梁思成先生等一度认为此尊塑像为唐代佛光寺名僧、参与东大殿修建的愿诚像，近年由清华大学团队利用多种手段进行了综合研究，认为应是明代复兴佛光寺的僧人本随的塑像，我们对此表示赞同。

据《五台山大佛光寺铸钟叙记铭》记载，本随和尚（又称“随宝岩”“随公照庵”等）于明宣德四年（1429）游历佛光寺，“见此寺无僧住”“于正殿并文殊殿内发心塑造罗汉五百尊，功程满毕”。《圆寂随公照庵德行之碑》也有类似记载，“见奚大殿重壁之间皆空，发心于上下□塑阿罗汉五百尊，重修殿宇，焕然之新”。由这些记

铁钟位于东大殿前檐南侧，上有明宣德五年（1430）铭。

石碑现存东大殿南山墙檐下，立于明天顺二年（1458）。

图六二 佛光寺东大殿木流塑像（自摄）

图六三 佛光寺东大殿五百罗汉像及特写（自摄）

载可知，东大殿外槽部分的五百罗汉像，应与本随关系密切，塑造时间在宣德五年（1430），此后还进行过补塑（图六三）。这些罗汉像的佛坛是依托两面山墙和后檐墙修建的 3 层砖台，现有彩塑 296 尊，其中 272 尊保存较好，另有残破塑像 20 余尊，这些彩塑的塑造水平与佛坛唐代彩塑

部分罗汉像在 20 世纪 50 年代后檐墙被洪水冲毁时受损。

有明显差距，梁思成先生的评价是“塑工庸俗”。本随像紧靠五百罗汉像，很可能是其门徒为了纪念师尊而增塑。

此外，东大殿外槽铺作内侧局部（主要在东、南、北面）还保留有悬塑，约 32 平方米，色彩以红绿为主，似乎主要表现山石等，因为损毁严重，目前难以想象其原貌（图六四）。

图六四 佛光寺东大殿悬塑（自摄）

2. 彩画与题记

东大殿内保留有壁画、建筑彩画等，前者主要保存在栱眼壁等处，即梁思成先生在佛光寺一文中所写，“今内柱额上少数栱眼壁尚有壁画存在，殆原有壁画之得仅存者也”，总面积 170 多平方米；后者在不少建筑构件上有或多或少的残留，分布更为普遍。

壁画

现存壁画主要位于内槽栱眼壁的外侧，里侧全部涂刷土朱；外槽栱眼壁的外侧全部涂抹白灰，里侧的话，前檐亦涂抹白灰，两山及后檐残存部分壁画，但多被悬塑遮挡，难以窥探全貌（图六五）。

内槽外侧一周的 14 幅栱眼壁壁画中，年代“最古者”位于右（北）次间前内额上方，栱眼壁长 4.5、高 0.69 米，内容可以称为《说法图》。中央组画像以在莲台上结跏趺坐的佛像为中心，两侧有胁侍菩萨和供养菩萨等。左、右组画像以在莲台上结跏趺坐的菩萨为中心，周围环绕胁侍菩萨、护法天王等，壁画上方点缀乘云（即《五台山图》所谓“云现”“云中现”）罗汉、菩萨以及飞天等，“各

图六五

像衣纹姿态均流畅圆婉，飞天飘旋之姿势尤富唐风”（梁思成），壁画两端还有供养比丘和仕宦，可惜的是旁边的榜题字迹难辨（图六六）。梁思成先生最早提出壁画主尊为“阿弥陀佛”，应该是因为主尊左侧胁侍菩萨戴化佛冠，是观音菩萨的显著特征，阿弥陀佛、观音菩萨和大势至菩萨构成“西方三圣”的组合。值得注意的是，这幅壁画位于佛坛阿弥陀佛像的前上方，应该存在某种对应关系。左、右组的菩萨，“似为观音及势至”（梁思成），因为观音菩萨等已经在中央组出现，应当不会重复，参考敦煌壁画中的类似图像，我们认为应该是“文殊赴会”和“普贤赴会”。

为了推断这幅壁画的年代，梁思成先生与敦煌壁画进行了对比，“就构图及笔法论，此壁与敦煌唐代壁画处处类似，其为唐画之可能性，实颇少可疑之点”，这个结论是很有见地的。营造学社的先贤们对这幅壁画给予了高度评价，“敦煌以外，唐壁画之在中原者，吾人能保存此绝无仅有之画壁一区，亦云幸矣。即使倘有存者，亦必附于其他唐时原来建筑物之幸存者，而今日可能存有唐代建筑之处，渺不可寻，故即此二三方公尺栱眼壁中唐画，亦珍罕可贵之至”。时至今日，虽然唐代墓葬的发掘使大量墓葬壁画重见天日，但是保存有唐代壁画的木构建筑还是仅有佛光寺东大殿。可以“亦云幸矣”的是，1964 年在释迦牟尼像须弥座束腰的后部又发现一幅唐代壁画，长约80、高约30厘米[43]，虽然画幅较小，但内容丰富，可以称为《降魔镇妖图》，壁画以毗沙门天王为中心，绘有天女、驯猴武士、鬼怪、神龙等，线条遒劲，形象生动，尤其是色彩保存如新，十分难得（图六七）。

如果我们把《说法图》放到东大殿内槽现存的所有栱眼壁壁画中去观察的话，就能更深刻地体会到所谓“珍罕可贵之至”，因为除了这幅壁画以外，其他壁画的内容及位置都经过有意安排，基本是对称分布。当心间和左（南）次间前内额上方的壁画都是“圆光诸佛像”，每幅壁画有8个圆光，每个圆光内10尊佛像，圆光下方有长方形框，内

△ 梁思成先生误记为“七圆光”。

书佛名。按照左右对称的设计原则，“说法图”所在的右（北）次间也应改绘成类似内容，但不知什么原因“躲过一劫”。梁思成先生曾记录在左次间壁画中有“宣和四年（1122）”题记，后续调查确认题记在当心间壁画的最北圆光外，纪年为“万历四年（1576）”[44]，由此可知这些“圆光诸佛像”是明代作品。左、右梢间前内额上的壁画均为卷草纹，线条流畅、颜色浓重，近于唐画，远于明画，梁思成先生

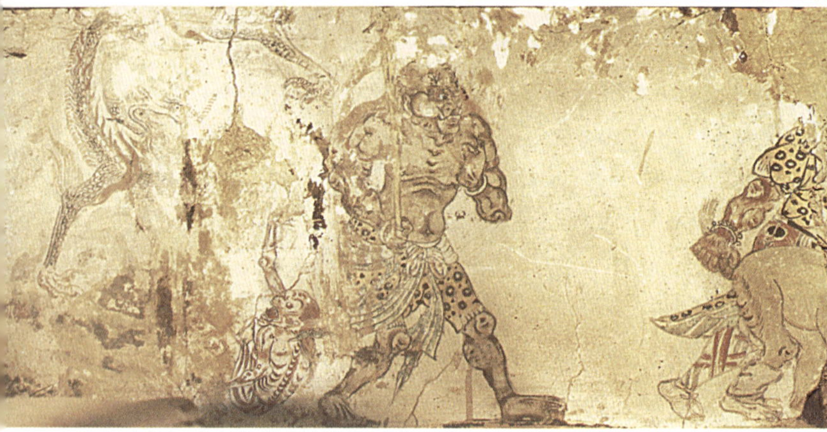

图六六
佛光寺东大殿《说法图》
（山西省古建筑保护研究所编《佛光寺》）

图六七
佛光寺东大殿《降妖镇魔图》
（山西省古建筑保护研究所编《佛光寺》）

图六八 佛光寺东大殿内槽墙体线描菩萨像（自摄）

曾怀疑“可能也是宋代的彩画”，近年也有学者认为可能绘于唐代。当心间及左、右次间后内额上方的壁画为“诸佛像”，每幅壁画绘有 37—38 尊结跏趺坐的佛像。左、右梢间后内额及两山内额上的壁画均为“诸菩萨像”，每幅壁画绘有 70 余尊站姿菩萨像。

需要注意的是，这些壁画，虽然除了“说法图”以外，基本对称分布，但应该不是一两次规划和绘制的结果，不同主题的壁画在线条、色彩等方面存在明显差别，除了现在已经明确的唐代和明代作品外，可能还有其他时代的作品。

通观室内，最有可能保存壁画的是内槽墙体，即梁思成先生所称“扇面墙”，但是墙体里外均已被涂成土黄色，个别破损之处曾进行过局部揭取，发现下层有线描菩萨像（图六八），看来确有保存早期壁画的可能。

建筑彩画

建筑彩画主要是指建筑构件上的彩画，它们的分布广泛，但是普遍保存较差，以往受到的关注相对较少，近年出现了比较有代表性的研究成果[45]，感兴趣的朋友们可以参阅，我们在这里将只对其中比较有特点的内容进行简单介绍。

东大殿的建筑彩画如果今天还保存完整的话，应该是以红为主，以白为辅，他色点缀，比较符合《营造法式》彩画作制度中的"丹粉刷饰屋舍之制"——"应材木之类，面上用土朱通刷，下棱用白粉阑界缘道，下面用黄丹通刷"。我们今天在东大殿最容易看到的仍是普遍使用的土朱刷饰，奠定了东大殿的主色调。所谓"阑界缘道"，简单地说就是用白色勾勒构件的边缘和轮廓，以丰富彩画的装饰效果，以内槽东北转角铺作为例（图六九），栌斗、散斗的棱角明显可见白色线条，这就是所谓"阑界缘道"。在华栱下皮略呈"凹"字形的白色彩画被称为"燕尾"，《营造法式》中也有相关记载，"栱头及替木之类，头下面刷丹，于近上棱处刷白燕尾"，东大殿的很多构件上都有这种彩画。

图六九——图七〇

图六九 佛光寺东大殿内槽东北转角铺作彩画（自摄）

图七〇 佛光寺东大殿后檐“七朱八白”彩画（自摄）

柱身涂朱，柱头大约与阑额等高的部位刷白，如果仔细观察还能看到华栱下皮的四瓣卷杀之间有黑色横线，应该不是彩画，而是工匠加工构件时画的参考线，以便控制卷杀。

东大殿阑额的彩画为“七朱八白”，根据《营造法式》的记载，“檐额或大额刷八白者……每当中以一份为八白。

其八白两头近柱，更不用朱阑断，谓之入柱白。

与额身内均之作七隔；其隔之长随白之广”，东大殿“七朱八白”彩画中的“一份”略宽于《营造法式》记载，其他做法几乎完全一致，就是小字批注中所谓的“入柱白”做法，这种彩画在后檐保存得相对较好，比较容易被辨认出来（图七〇）。

东大殿的平闇亦有彩画，主要是通刷土朱。内槽及其前面的平闇曾经重刷土朱，其他三面的平闇虽然也以土朱装饰，但久未重刷，颜色已经发黑甚至脱落，但也正因为如此保留了一个值得注意的细节，在部分平闇上还可以看到在方椽十字相交处绘制了白色的“X”形纹饰（图七一），就好像用白色的绳子进行了捆扎。

图七一
佛光寺东大殿外槽平闇彩画（自摄）

题记

梁思成先生等在调查东大殿时关注到的题记主要是“佛殿梁下题字”，即“佛殿梁下唐人题字，列举建殿时当地官长及施主姓名，亦为此殿重要史料”。这些题记都位于四椽明栿下皮，也就是内槽顶部最显著的位置，由北向南顺序书写：

题记 1：功德主故右军中尉王　佛殿主上都送供女弟子宁公遇

题记 2：敕河东节度观察处置等使检校部工尚书兼御使大夫郑　功德主　敕河东监军使元

题记 3：奉为　国敬造佛殿七间伏愿龙天欢喜岁稔时康雨顺风调干戈休息十方施主愿转法轮法界有情悉愿成佛

题记 4：代州都督供军使兼御使中丞赐紫金鱼袋卢（以下小字）助造佛殿前泽州功曹参军张公长 / 摄录事参军侯莫陈谱 / 宣德郎前守雁门县令李行儒书 / 大堡冶官卫前兵马使武君良 / 摄功曹参军程树 / 前度支盐州院巡覆官邵卓

正是因为这些“唐人题字”中出现了“佛殿主上都送供女弟子宁公遇”，其名又见于东大殿前的大中十一年（857）经幢，“按理立幢应在殿成之后，因此推定殿之完成应在是年”（梁思成）。题记 2 中的“郑”，经梁思成先生考证，应为郑涓，他在大中九年（855）九月授此官职，十一年十二月被毕诚代替，与大中十一年的推测不矛盾。李裕民先生曾对此考证做出补充，提出毕诚接替的并非郑涓而是刘瑑（zhuàn），并推测刘瑑接替郑涓的时间不晚于大中十年（856）十月，据此认为东大殿的建成时间不晚于此时[46]。刘瑑在毕诚之前接任郑涓应无疑问，但接任时间在《旧唐书》记为“十一年五月”，《新唐书》虽有线索表明接任时间可能更早，但无直接记载，所以李先生的说法可备一说。至于那个神秘的“功德主故右军中尉王”，梁思成先生认为是权宦王守澄（？—835），近年也有学者提出不同意见，因为关键人物宁公遇不见于史载，她与“王”的关系也难以定论，所以这个问题

梁思成先生猜测“或即王守澄‘妻’或‘养女’，至少亦为深受王在世时之恩宠者”。

的讨论还会持续下去。

唐代题记除四椽明栿外，还见于大殿板门后（图七二），近年有学者对板门题记进行了系统整理[47]，有兴趣的朋友可以参阅。板门题记最早的是咸通七年（866），仅在大殿建成后 9 年，以后又有咸通八年（867）、乾符五年（878）等唐代墨书题记。比较有意思的是两则“天祐十八年”题记，查《中国历史纪年表》可知“天祐”

图七二 佛光寺东大殿板门后题记（有镜框覆盖者为重要题记）（自摄）

图七三 佛光寺东大殿“佛光真容禅寺”匾额（自摄）

是唐朝最后一个年号，至四年（907）被朱温建立的后梁政权改元“开平”。这时的山西大部被李克用、李存勖父子控制，他们与朱温敌对，不奉后梁正朔，一直坚持使用亡唐的“天祐”年号，直至大举攻伐后梁政权时才改元“同光”。正因如此，实际寿命只有 4 年的“天祐”年号才在山西大部被沿用了 20 年之久。天佑十八年即后梁龙德元年，也就是 921 年。

唐代以后的题记数量渐多，梁栿题记还见于明乳栿等处，时代多为金、明、清时期；板门后还有历代墨书题记 100 余条；当心间正门上方悬挂的“佛光真容禅寺”匾额（图七三），兼有明正统五年（1440）和万历四十二年（1614）题记，万历题记破坏了正统题记，应是利用旧匾加刻。

五、小结

梁思成先生曾经这样评价《营造法式》，“它是中国古籍中最完善的一部建筑技术专书，是研究宋代建筑、研究中国古代建筑的一部必不可少的参考书”[48]。研究宋代及以后的建筑，可以《营造法式》为参照，那么研究早于宋代的建筑，它是否仍旧有效？多大程度上有效？

这是本章开头时就提出的问题，通过对东大殿的仔细观察和分析，我们现在可以尝试回答一下。具体来说，这个问题其实包括三个问题。

第一个问题，是否存在早于《营造法式》的唐代“法式”？

这个问题的答案是肯定的。我们的观察和分析虽然聚焦在佛光寺东大殿，但也不断将它与南禅寺大殿以及其他唐代木构建筑、砖石建筑、建筑遗址乃至建筑图像、模型等进行对比，从中可以清晰感受到某种规范化和体系化的东西，也就是唐代“法式”。我们可以确信，唐代不仅存在“法式”，而且对不同类型和等级的建筑很可能存在差异化的细致规定，应该是一个不输于《营造法式》的相当严密的系统。

第二个问题，是否可以通过以佛光寺东大殿为代表的木构建筑去研究唐代“法式”？

这个问题的答案也是肯定的。佛光寺东大殿等木构建筑作为唐代“法式”指导和规范之下的产物，自然可以成为“反向研究”的重要途径。除此之外，砖石建筑、建筑遗址、图像及模型等，甚至相关文献记载等也可以成为研究唐代“法式”的有效途径。在所有的途径之中，木构建筑因为与唐代“法式”关系最紧密和最直接，尤其是像佛光寺东大殿这样更复杂、更原真的唐代木构建筑可以说是最重要的途径。

第三个问题，《营造法式》对于研究唐代“法式”有用吗？

这个问题的答案也是毋庸置疑的。我国现存宋代建筑的数量远远多于唐代建筑，但如果没有《营造法式》传世，单凭这些建筑可能复原出《营造法式》，哪怕只是它的一部分吗？恐怕难度非常之大。同样的道理，仅靠现存的唐代建筑去研究“法式”也是远远不够的。讨论至此，相信大家也有相似的感觉，我们在很多具体论述中引用了《营造法式》，说明它对认识唐代“法式”具有巨大的辅助作用；虽然也有很多内容无法套用《营造法式》的记载，但可以它为底本，通过不断完善和修改，慢慢使它蜕变成唐代的“法式”。

如果我们想要探寻唐代建筑的“文法课本”，佛光寺是毫无疑问的“权威读物”，南禅寺大殿只能算是“入门读物”。我们用这漫长的一章“啃”完了“硬骨头”，下文的内容相比之下就会简单和轻松很多。

第三章　格局之外的格局

佛光山建筑群

塔坪建筑群

经幢碑刻

格局变迁

东大殿在佛光寺所有建筑中是当之无愧的“主角”，所以我们在第二章中对它进行了全面、细致的介绍，在第三章中我们将把目光投向它以外的其他建筑。这些建筑的大部分与东大殿一起分布在佛光山西坡，小部分分布在与佛光山相距不远的塔坪，总计达数十座。

“佛光山建筑群”依山形地势分布在三级平台上，东西向的中轴线上由西向东、由低到高分别为影壁、山门（天王殿）和东大殿。第一级平台北侧为文殊殿，南侧为伽蓝殿；第二级平台南北两侧各有厢房数间，北首为香风花雨楼，南首为森会祇园门；第三级平台北侧为万善堂，南侧为祖师塔和关公殿等。在东大殿后（东）侧山崖上，尚有砖塔 3 座。这些建筑物，以东大殿为中心，点缀在佛光山西坡。

在佛光寺西北、直线距离约 1 千米的塔坪，现存砖塔 4 座，我们称之为“塔坪建筑群”（图一）。除地面建筑以外，在佛光寺左近的各寮院、花园院、百草院、南院等地点，曾发现过地面散布的砖瓦或暴露在断崖的夯土等建筑遗迹。

上述建筑中，唐代以前或唐代建筑 1 座（祖师塔）、唐代建筑 4 座（无垢净光塔、大德方便和尚塔、解脱禅师塔、东大殿）、唐代或五代建筑 1 座（覆钵式塔）、金代建筑 3 座（文殊殿、杲公和

图一 塔坪建筑群（杨晓芳 摄）

尚塔、无名花塔）、明清建筑10余座（天王殿、伽蓝殿、森会祇园门、香风花雨楼、万善堂、关羽殿等）等。

这些年代不同，甚至可以说相差悬殊的建筑，如今共存在一个格局之中，但是这个格局对其中大多数建筑来说只是“归宿”，而非“起点”。如果以东大殿的肇建作为起点，佛光寺建筑群距今至少已有1163年的历史；如果考虑到年代更早的祖师塔，延续时间更为悠久。在如此漫长的时间尺度上，建筑格局不可能一蹴而就，更不可能一成不变。上述那些建筑原本属于不同时代的格局，它们在光阴和世事的大浪淘沙中幸存下来，也游离出来，被后代的规划和建设者捕捉并利用，嵌入到新的格局中。

如果借用《三体》中的名词，佛光寺今天的格局是被时光和世事联合进行了“降维打击”后的结果，不同时代的多个格局被“扁平化”到一个格局之中。下文将首先介绍这些各具特色的建筑，然后尝试复原不同时代的格局。

一、佛光山建筑群

佛光山建筑群除东大殿之外，还包括祖师塔、无垢净光塔、大德方便和尚塔、覆钵式塔、文殊殿、伽蓝殿、山门（天王殿）、森会祇园门、香风花雨楼、万善堂、关羽殿、闷楼（已毁）等。

（一）祖师塔

佛光山建筑群最古老的建筑，如果我们不加上“木构”这个定语，就是祖师塔（图二）。塔的原名已不可考，梁思成先生等考察佛光寺时，寺僧呼为“祖师塔”，习用至今。

祖师塔坐东朝西，朝向与东大殿相同。因为祖师塔的建造年代比东大殿还要早数百年，说明佛光寺坐东朝西的朝向不是唐代晚期的创新，而是对古老传统的遵循。塔通高 5.6 米，平面形制为等边六边形，可以分为塔基、塔身及塔刹三部分。

祖师塔坐落在基岩磐石之上，背后有“堑山”的壁面，高度、宽度都与东大殿后的“堑山”壁面相差甚远。东大

图二
佛光寺祖师塔（自摄）

殿“堑山”时曾对祖师塔后的壁面造成局部破坏。因为建塔需要的平地较小，所以修建祖师塔时只需要“堑山取地”，不需要“筑土成基”，但它无疑开了东大殿修筑方式的先河。在东大殿后的山坡高处还有3座砖塔，它们的年代都晚于祖师塔，从中可以推想出佛光山开发的大致过程：寺院规模相对较小时，只“有佛堂三间，僧室十余间”，堂、室可能集中在地势相对平坦的第一、二层平台，祖师塔的位置在堂、室后的“山坡高处”；随着寺院规模扩大，第一、二层平台无法容纳更多的殿堂，不得不耗费大量人力、物力在祖师塔旁开发出了第三层平台，形成“台殿横空，等级相次”的格局，年代晚于祖师塔的佛塔就只能去山坡的更高处选址。

祖师塔的塔基为须弥座，束腰内设砖雕壸门，每边2门，门内未见装饰。值得一提的是，梁思成先生等在1937年进行调查时，塔基尚被土石掩埋，所以他们绘制的图稿中没有表现塔基。新中国成立后，对周边地面进行了清理，才将塔基暴露出来（图三）。

塔身共分2层。下层西面开设带有火焰形门楣的拱门，门内为塔心室，平面形制亦为六边形，东部设台，顶部叠

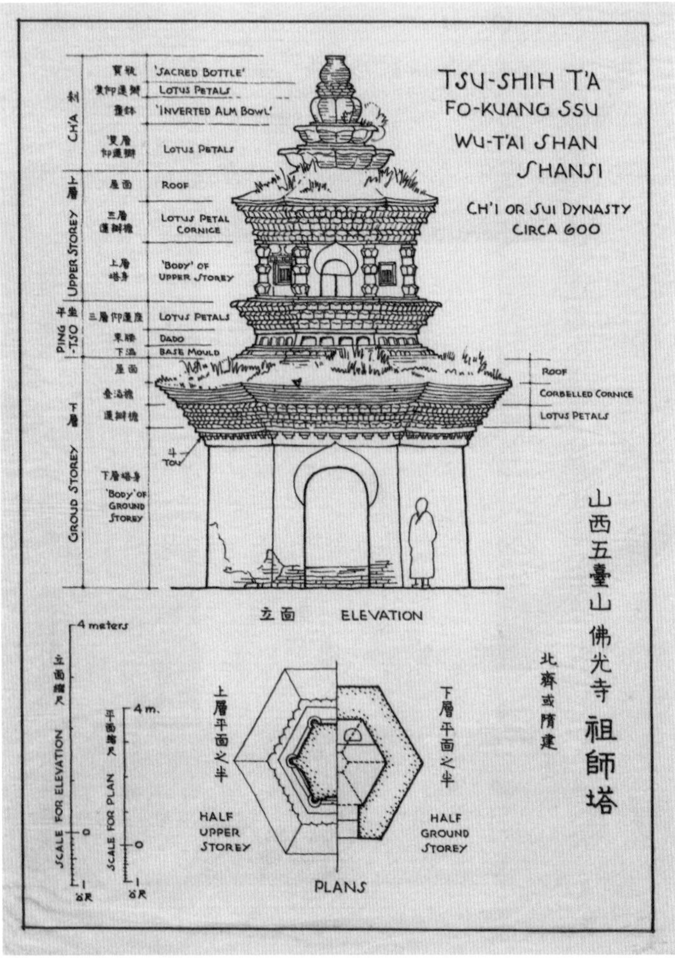

图三 佛光寺祖师塔（营造学社 绘制）

涩收束。下层塔身上部微出叠涩一层，涩面砌出斗，每面 9 枚，位于转角的 2 枚方向与转角和塔心的连接线一致，转角之间的 7 枚均与壁垂直；其上出叠涩一层，再上密集排列仰莲 3 层，莲瓣之上又出叠涩 3 层（梁思成先生等关于祖师塔的图文记录中均为 6 层，目前所见仅 3 层），构成下层塔身的檐部。檐上以反叠涩收回，承托须弥座式平座。平座每面设 3 根方形间柱，隔成 4 格，格内未见装饰，在转角处另设瓶形矮柱。平座上密集排列仰莲 3 层，以承托上层塔身。

上层塔身在转角设倚柱，每根倚柱设上、中、下 3 层仰莲；西面设假拱门，亦为火焰形门楣，半圆形门额，门做半启状；西南、西北面设假破子棂窗；其余壁面平整。梁思成先生等曾记录，在西北面假窗上方“画额两层，两层之间缀以短檄五。额以上画人字形补间铺作”，今已被白灰掩盖，难以辨认。倚柱上出叠涩一层，在柱头上方较为突出，梁思成先生认为做“角梁头形”，再上又密集排列仰莲 3 层，构成上层塔身的檐部。檐上以反叠涩收回，承托塔刹。

塔刹设仰莲 2 层，上覆以覆钵、宝珠等（图四）。

图四 佛光寺祖师塔上部（自摄）

祖师塔自发现以来，普遍被认为是佛光寺域内现存最古老的建筑，但是其具体年代一直存在争议。梁思成先生等在当年发表的调查报告中至少两处提到了祖师塔的年代，一处是“祖师塔朴拙劲重，质文参半，显是魏齐遗物”，一处是“虽无文献可稽，但其年代恐至迟亦唐以前物也”，此后陆续出现从北魏至唐的多种意见。陈涛先生对祖师塔进行了综合研究，认为祖师塔应是隋唐间佛光寺高僧解脱禅师的真身塔，建造时间约在八世纪上半叶[49]。我们认为这种观点是很有说服力的。而且从祖师塔平面形制、壸门造型、人字栱彩画等迹象来看，其属于唐代的可能性较大。

（二）无垢净光塔等三塔

东大殿与祖师塔后（东）面的山坡上保留有 3 座砖塔，它们的位置大概比祖师塔高出二三十米，不在佛光寺的开放区域内，平时游客罕至。梁思成先生等人考察佛光寺时，这里是最后考察的区域。

无垢净光塔

无垢净光塔在 3 座砖塔中年代较早、规模最大，有资料显示它的位置大致在东大殿中轴线的延长线上，如果信

息准确，说明它的地位特殊。此塔早年崩塌，被泥土、植被覆盖为坟丘状，曾长期被误传为“刘知远墓”。明人张凤翃（hóng）曾

刘知远为五代时期后汉的开国皇帝，895 年出生，947 年称帝，948 年驾崩，他的陵墓号“睿陵”，在今河南禹州。

作诗《看刘知远墓》，当对此塔遗址有感而发：

英雄毕竟归黄土，但有芳名与恶名。

不见则天高冢在，至今犹杂汉诸陵。

感情很充沛，可惜闹了“乌龙”。

梁思成先生等考察东大殿时看到了一尊“释迦玉石像”，认为

现藏山西博物院，下文将详细介绍。

“像须弥座下涩铭文所称‘无垢净光塔’者或即为佛殿东南之祖师塔，亦极可能”。当他们登上后山考察时，应该也看到了掩埋着真正无垢净光塔的土堆，说不定还曾在附近逗留。寺僧以刘知远墓相告，梁先生等确知刘知远葬于河南睿陵，并未采信寺僧说法，但也未深究。

1950 年 8 月，雁北文物勘查团刘致平、莫宗江等学者到达佛光寺，随即得知：数年前，曾有乡民为寻找“宝器”挖掘“刘知远墓”，结果只找到若干件白石菩萨，“把石像统统打烂散去”。他们随即开展收集石像、发掘遗迹等工作，并最终确认，“所传的刘

图五
佛光寺无垢净光塔石楣额（杨晓芳 摄）

知远墓，就是无垢净光塔”[50]。1973 年，无垢净光塔附近出土了 1 件“大无垢净光塔”石楣额（图五），宽 1.20、高 0.62、厚 0.13—0.14 米，正面雕刻精美，额部以一对鹿角翼兽（或为“麒麟”）为中心，楣部以六字塔名为中心，周围布满华丽繁缛的石榴卷草纹[51]。这件石楣额的出土，进一步证明雁北文物勘查团的判断十分正确，而且因为此塔名还见于早年出土的释迦牟尼石像，为两者之间的关系提供了更直接的证据。

我们今天看到的无垢净光塔残高 3.17 米，平面形制为八边形，残存塔基、塔身等部分（图六）。塔基周围的地面铺墁青砖。塔基至少可辨二层须弥座，下层须弥座形制较为简单，上层须弥座的束腰部分做出壸门，每面三门。壸门立柱及上、下叠涩的涩面残存彩绘，局部色彩依旧鲜艳（图七），十分珍贵。塔身残损严重，笔者曾登上顶部考察，雁北文物勘查团记录过的八角形塔心室厚积松针枯叶，间有残砖碎瓦，已经难辨形状。

大德方便和尚塔

大德方便和尚塔坐东朝西，与祖师塔等相一致。塔通高约 4 米，平面形制为六边形（所以梁思成先生等将这座塔称为“六角塔”），可以分为塔基、塔身及塔刹三部分。

塔基原被土石掩埋，新中国成立后曾进行了清理，新暴露出来

图六 佛光寺无垢净光塔（自摄）

图七 佛光寺无垢净光塔残存彩绘（自摄）

图六——图七

的砖块垒砌不甚规则。塔身单层，西面设门，门上部叠涩收缩，呈盝顶形，内为方形塔心室。塔身西南面和西北面各嵌一块石质的长方形塔铭，前者题为“佛顶尊胜陀罗尼”，后者题为“唐东都同德寺故大德方便和尚塔铭并序”。塔身之上，“叠涩为檐，檐下托以宋《营造法式》所谓‘山花蕉叶’者，每面正中及各角各一叶”（梁思成）。梁先生所称“山花蕉叶”是用特制的砖块拼砌而成，表面还残存地仗层，原本应有精美的彩画。塔刹损毁严重，草木丛生，依稀可辨有须弥座（图八）。

“唐东都同德寺故大德方便和尚塔铭并序”详细介绍了方便和尚的生平事迹（图九），内容与《宋高僧传》等历史文献中的记载基本相符。方便和尚“讳无名，字方便”，以“无名”为名本身就颇有禅机。他是唐代中期名僧，于贞元九年（793）路居佛光寺时圆寂。贞元十一年（795），门人建塔纪念。它比东大殿的修建早约60年。塔铭中提及，“佛光精舍”的“寺主法兴”虽非无名门人，但是仰慕大德，协理后事，保留了与佛光寺相关的史料。

在这篇塔铭的最后记曰：“月落空界，泉流浩劫。悠悠天壤，舍此舟艥（jí）。吾师恒化，代山之阳。塔于松下，松月苍苍。”“松月”颇见于唐宋诗文，用以渲染幽然情境，比如唐代晚期诗人许浑在《题崔处士山居》一诗中留有名句，“向夜欲归心万里，故园松月更苍

图八—图九

图八
佛光寺大德方便和尚塔（自摄）

图九
佛光寺大德方便和尚塔塔铭（自摄）

苍”。佛光寺的“塔于松下，松月苍苍”却是实景，砖塔虽已斑驳，松林至今葱郁，当我们站在林间塔旁，佛光寺所处的山间盆地尽在眼底，这无疑也是无名门人1200多年前曾经目睹的景象。山川恒在，灵境犹存，离别之情，难舍之意，尽在不言之中。

覆钵式塔

覆钵式塔，在梁思成先生的调查报告中称为“圆塔”，柴泽俊先生曾经提出，“经与有关史书、方志及传记等资料查考核对，应是晚唐时期智远和尚塔”[52]，文中“智”应为“志”。据《宋高僧传》记载，志远和尚为唐代晚期名僧，但他隶名“五台山华严寺”，与佛光寺无涉，所以此塔归属志远和尚的可能性很小。梁思成先生等在调查时注意到这座塔的特点是“覆钵形式”，并且认为“亦现存此型之最古者，我国建筑史中之重要资料也”，所以本书将它称为“覆钵式塔”（图一〇）。

砖塔通高约6.5米，塔基较高但残损严重，棱角已失，依稀可辨至少有2层须弥座，下层的平面形制为方形，上层为八边形，束腰部分设有壶门。塔身一层，平面形制为圆形，直径近3米，我们所说的“覆钵”就是指这一部分；塔身西面开圆拱形券门，连通塔心室，其他3面设假门。塔身之上为宽阔的出檐，平面形制亦为八角形。塔刹受损严重，难以判断具体形制。

图一〇 佛光寺覆钵式塔（自摄）及手绘（刘亚楠 绘）

覆钵式塔是3座砖塔中唯一一座没有明确纪年的，“按其砖式及外表轮廓论，当属唐末五代遗物”“塔既无铭文，其史无可稽，最可能为唐末寺僧之墓塔”（梁思成），至于具体是哪位寺僧和什么年代，仍需要进一步探讨。

（三）文殊殿

文殊殿位于第一级平台北侧，“在佛光寺诸殿中，其年代与规模仅次于佛殿”（梁思成）。大殿坐北朝南，面阔七间，进深八椽，悬山顶（图一一），虽为配殿，但规模与佛光寺主殿——东大殿近似。两殿面阔间数、进深椽数相同，唯实际尺寸略有区别，东大殿通面宽33.98、通进深17.61米，面积598.4平方米；文殊殿通面宽31.40、通进深17.62米[53]，总面积553.3平方米，两殿仅相差45

文殊殿的通面宽和通进深数据在不同文献中数值有所区别，本文选自滑辰龙教授一说。

平方米，正如梁思成先生所说，“正殿七间而以七间之巨殿为配殿，在佛寺中颇为罕见”。规模如此恢宏的配殿，不仅“甲于台山诸刹”，

《重修文殊殿落成碑记》，清康熙六十年（1721年），现存文殊殿前檐。

而且是“我国佛教寺院中最大的配殿”[54]（图一二）。

图一一一 — 图一一二

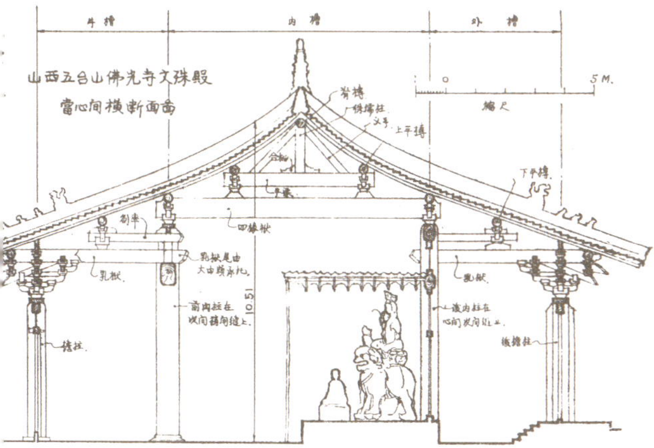

图一一一 佛光寺文殊殿（自摄）

图一一二 佛光寺文殊殿侧剖图（梁思成《记五台山佛光寺建筑（续）》）

文殊殿使用方直台基，高 0.85 米，石块包砌，正中设副子踏道。因为大殿地处坡台地势，北高南低，大殿前（南）、后（北）两侧台基顶面有近 1 米的高差。台基在现代经过多次整饬，为了便于排水，还在大殿北侧和西侧展拓了台基，铺砌了散水等。

柱及柱础

文殊殿在柱网安排中采用了减柱造。减柱造，也称“减柱法”，是一种通过减少内柱以增加建筑室内空间的做法，约在辽代出现，在金元时期流行于我国北方地区，在明清时期基本消失。文殊殿总共用柱 26 根，前、后檐面各 8 根，左、右山面各 5 根，内柱 4 根（图一三）。规模与它近同的东大殿在内槽用柱 14 根，相比之下，文殊殿减掉了整整 10 根柱子，将“减柱”做到了极致，使得室内空间特别连贯和宽敞。如今参观文殊殿的话，大家会发现殿内的柱子不只 4 根，正是因为“减柱”做得太极致，结构随着时代推移出现了问题，后代不得不通过补柱的方式加以挽救（图一四），这也正是“减柱法”在元代以后走向衰落的原因所在。哪根是金代原柱，哪根是后代补柱，大家可以带着这些问题去参观。

木柱形制与东大殿相似，基本为直柱，在与阑额相交的地方略做卷杀。文殊殿没有采用东大殿的“殿堂造”，属于“厅堂造”，所以檐柱、内柱等高度不等，前（南）面当心间檐柱高 4.65 米，后

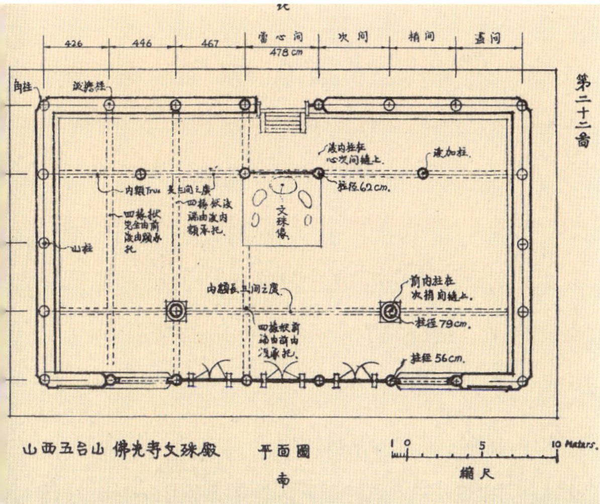

图一三 —— 图一四

图一三

佛光寺文殊殿柱网图（梁思成《记五台山佛光寺建筑（续）》）

图一四

佛光寺文殊殿内部（自摄）

（北）面当心间檐柱因为台基更高，所以柱高更矮，只有 3.50 米，内柱高 7.15—7.23 米，最高的柱子是左、右山面中央的山柱，由台基直抵屋脊，高度超过了 10 米。檐柱直径与东大殿相差不大，约 0.55 米，内柱因为要承托更复杂的梁架结构，直径都超过了 0.7 米，有一根甚至将近 0.8 米。所以，佛光寺最高和最粗的柱子都属于文殊殿，而非东大殿。东大殿的面阔七间中，居中的当心、次、梢五间等宽，尽间较窄，文殊殿的面宽分配方式有所不同，当心间面宽 4.76 米（窄于东大殿当心间）、次间 4.66 米、梢间 4.38 米、尽间 4.28 米，面宽由中间向两侧依次递减。此外，文殊殿也有生起、侧脚等做法。

文殊殿的檐柱采用了方形平素柱础，内柱中 2 根前内柱的柱础保存较好（图一五），应该是金代原物。梁思成先生在调查时就注

图一五 佛光寺文殊殿前内柱柱础（自摄）

意到它们，因为当时的地面比今天要高一层砖，“将面砖掘起，始见覆盆全形”。柱础为宝装覆莲式，“其莲瓣以整瓣者八瓣向四面及四角，每瓣中又隐出三小瓣；八整瓣之间又露出八瓣，如两侧被压于整瓣之下者，其上则仅隐出两小瓣”（梁思成）。

梁架

文殊殿内不用平闇，梁架结构一览无遗，属于彻上露明造。因为大量减柱，梁架就必须进行相应的配合，即梁思成先生所说，“（文殊殿）因内柱之减少，增加内额之净跨，而产生特殊之构架，为此殿之最大特征。……在设计及功用上虽不能称为成功之作，然在现存实物中，仅此一孤例”[55]。

文殊殿的梁架结构属于《营造法式》记载的“八架椽屋前后乳栿用四柱”（参见图一二），前、后乳栿由前、后檐柱和内柱共同承托，每根乳栿对应一根檐柱，相应地也需要一根内柱，“减柱造”就是在内柱上做文章，通过在内柱间安置跨度二至三间的由额，为乳栿的后尾提供了支撑，每多一根乳栿的后尾落在由额上，就可以减少一根内柱。值得注意的是，乳栿靠外檐一侧有意做出“斜项”，

上平槫
脊槫
叉手
合楷
侏儒柱
叉手
平梁
四椽栿
四椽栿
上平槫
“成襻间两材之样式”
下平槫
“成襻间两材之样式”
下平槫
驼峰大斗
四椽栿
驼峰大斗
内额
侏儒柱
叉手
绰幕枋
乳栿尾
合楷
侏儒柱
合楷
叉手
乳栿尾
由额
合楷

“成襻间两材之样式”
上平槫
花架椽
脑椽
脊槫
脑椽
上平槫
襻间
花架椽
下平槫
襻间
叉手
侏儒柱
叉手
平梁
驼峰大斗
驼峰大斗
四椽栿
顺脊串
侏儒柱
内额
驼峰
山柱
驼峰
合楷
由额
山墙
合楷

应该是对东大殿月梁的模仿。四椽栿原本应由前、后内柱共同承托，文殊殿则通过安置与由额跨度相当的内额，为四椽栿提供了足够的支撑。由额和内额之间“施垂直及斜材，构成近似近代‘人字柁架’的构架,为我国建筑中所仅见”(梁思成)。四椽栿之上以驼峰承托平梁，平梁之上立侏儒柱，与叉手共同承托脊榑（图一六）。

文殊殿共用柱头铺作 16 朵、补间铺作 14 朵。柱头铺作均为单杪单下昂五铺作，第一跳为华栱，跳头置交互斗，承托十字相交的云形栱和华头子，云形栱的外形与东大殿补间铺作的翼形栱颇为相似；第二跳为下昂，昂嘴介于批竹形和琴面形之间，昂尾压在乳栿之下，昂头上置交互斗，承托十字相交的令栱和耍头，令栱与相邻铺作的令栱连成连续的鸳鸯交首栱，也称为“连栱交隐”，“耍头长大，斫成昂嘴形”；昂首和耍头上压衬方头，它其实是“乳栿之延长”(梁思成),出头部分斫成麻叶云(亦称“麻叶头”)形（图一七）。后檐柱头铺作除令栱不相连以外，与前檐基本相同。

补间铺作共有 3 种，最复杂的，或者说装饰性最强的位于前檐当心间、两次间，较复杂的位于前檐梢间、尽间

图一七 佛光寺文殊殿前檐柱头铺作（自摄）

图一八 佛光寺文殊殿前檐补间铺作（自摄）

四间及后檐当心间，最简单的位于后檐其他间，复杂程度与铺作位置的重要程度成正比。第一种补间铺作共 3 朵，第一跳与柱头铺作基本相同，第二跳为华栱，不用下昂，特殊之处在于第一跳华栱左、右约 45° 斜出华栱，第二跳华栱的跳头上亦加左、右斜出华栱，使得铺作形似盛放花朵，加强了装饰性。第二种补间铺作共 5 朵，与第一种相比减省了第二跳华栱跳头上的左、右斜出华栱（图一八）。第三种补间铺作共 6 朵，将第一跳华栱左、右两侧的斜出华栱也减省了。

文殊殿的屋顶为悬山顶，屋面分前、后两坡，共有 1 条正脊和 4 条垂脊。撩风槫之上只用檐椽，不用飞椽，与东大殿保持一致。檐椽与脑椽直径在 15 厘米左右，上、下花架椽直径在 8—12 厘米之间。大殿屋面覆瓦，只用板瓦，仰合相扣，形制、做法亦与东大殿类同。正脊用形似板瓦的瓦条 13 层垒砌而成，中高 59.7、两头高 78 厘米；垂脊用瓦条 9 层垒砌，高约 53 厘米。正脊中央饰琉璃火珠（图一九），高度将近 2 米，是所有脊饰中最高大、精美的一件，形制与东大殿的琉璃火珠颇多可比之处，其背面有“至正拾壹 / 年八月初五 / 日南台佛 / 光寺常住 / 崇修匠人 / 王

图一九——图二〇

图一九 佛光寺文殊殿琉璃火珠（左：南面；右：北面）（自摄）

图二〇 佛光寺文殊殿琉璃火珠题记（自摄）

世荣……”的题记（图二〇），为判断这些大型琉璃件的年代提供了直接证据。正脊两端饰陶质鸱吻，有学者认为是明代制品[56]。每条垂脊除陶质垂兽以外，还饰有5只小兽，多为陶质，个别为琉璃质，均做奔跑状，憨态可掬。

文殊殿前（南）面当心间、次间三间辟门，梢间设直棂窗，后（北）面当心间辟门。因为大殿北侧地势较高，“殿后门外地面高于殿内”（梁思成），在殿内还设有通往北门的踏道，这是比较少见的。未设门窗的部分均用土坯墙封堵，墙边包砖。

彩塑与壁画

殿内中央设佛坛，相比于连贯、宽阔的殿内空间，佛坛的规模十分有限。如果和东大殿佛坛对比的话，反差更加明显，东大殿的佛坛宽达五间，文殊殿的仅当心间一间；东大殿的佛坛占据内槽面积的约2/3，文殊殿的只占殿内面积的近1/20，简直就是小巫见大巫。金代的文殊殿中肯定有不少配套像设，遗憾的是今天已经无迹可寻。因为殿内过于空旷，现在摆放了不少古建筑的木质模型，相当于一个以山西古代建筑为主题的展厅。

佛坛上共有7尊塑像，以文殊菩萨骑狮像为中心（图

图二一 佛光寺文殊殿文殊菩萨像（自摄）

二一），两侧各有一尊胁侍菩萨，胁侍菩萨前方分别是于阗王和童子。这 5 尊造像的组合及位置关系与东大殿的完全一致，包括文殊菩萨的焰肩、青狮项下的红缨、胁侍菩萨的头饰、于阗王的衮服乃至童子的发式等细节也高度相似。于阗王和童子前方还各有一尊塑像，分别是文殊老人（亦称“圣老人”）和佛陀波利，不见于东大殿的文殊菩萨眷属，属于后代的创新。金代工匠在塑像时很可能详细参考了东大殿的彩塑，梁思成先生“像作风大致仿唐式”的评价切中要领，但客观地讲，工艺水准还是有一定差距。文殊殿彩塑的色彩虽然不像东大殿那样焕然如新，但在形体、神态的把握和塑造上明显略逊一筹。

此外，大殿内残存明宣德五年（1430）绘制的五百罗汉像壁画，现存壁画面积约 100 平方米，罗汉像约 248 尊。清康熙六十年（1721）补葺文殊殿时，曾对部分壁画进行过重新勾勒。

梁思成先生等在 1937 年调查时，根据文殊殿的结构样式与手法等，怀疑是北宋中叶建筑。1950 年夏，雁北文物勘查团复查文殊殿时，在脊槫下发现了金天会十五年（1137）重修的题记，从此以后将其定为金代建筑。它是佛光寺内第二早的木构建筑，比东大殿晚了280年，然后与东大殿携手走过将近890个春秋。当大家为东大殿流连忘返时，不要忘记这位东大殿的“老战友”，它以宏大规模、繁复结构、极致减柱、完好像设等，在我国金代建筑中占有举足轻重的地位，并被梁思成先生誉为“海内一孤例”，是应受到与东大殿同等重视的建筑瑰宝。

（四）明清时期建筑

明清时期建筑数量较多，包括山门（天王殿）、伽蓝殿、森会祇园门、香风花雨楼、万善堂、关羽殿等。

山门，亦称“天王殿”“韦驮殿”等，现为佛光寺的入口（图二二）。殿堂据说在清光绪年间（1875—1908）毁于火焚，现存建筑为此后重建，即梁思成先生所说“为近世草率重修”。山门前还有影壁一通，上书“佛光寺”三个大字。

伽蓝殿位于文殊殿对面，有学者认为可能是明代建筑（图二三）。建筑面阔三间，进深四椽，悬山顶，殿内有伽蓝神彩塑。前檐柱头、额枋、栱眼壁等处尚存明清时期彩画，色彩明艳，保存较好。

森会祇园门位于第二层平台南端，应为清代建筑（图二四）。大门面阔三间，正中开拱形券门，门上方嵌砌砖匾“森会祇园”，

图二二—图二三

图二四—图二五

图二二

佛光寺山门（自摄）

图二三

佛光寺伽蓝殿（自摄）

图二四

佛光寺森会祇园门（自摄）

图二五

佛光寺香风花雨楼（自摄）

所谓“森会”可能是谐音“僧会”，“祇园”应指著名佛教圣地——祇树给孤独园，又称“祇园”。大门上方砌成垛口墙，较有特点。

香风花雨楼位于第二层平台北端，有学者认为可能是明代建筑（图二五）。建筑为二层楼阁式，第一层为五眼石箍窑洞，第二层为面阔五间的砖木混合建筑，明间悬“香风花雨”匾额，是清乾隆五十六年（1791）五台县儒学训导陈龙化献。有趣的是，应县木塔有一方同题匾额，是清同治五年（1866）应州崔家庄张曜等献。所以，“香风花雨”无关风月，有关佛理，佛祖现身或瑞祥显现时常有香风吹拂，花雨缤纷，匾额应取其清净无垢之意。据说，香风花雨楼是佛光寺主持僧人的居所，梁思成先生等在此调查时也曾借住。

关羽殿和万善堂位于东大殿南、北两侧，即梁思成先生所说，“位于殿两山之侧，有左右小配殿各一，为清式建筑，形制卑小”。两座建筑均面阔五间，关羽殿供奉关羽塑像等，万善堂现已用作库房。

除上述建筑以外，佛光山建筑群还有不少明清乃至近现代添建的小型建筑，本书就不一一介绍了。

（五）曾经存在的建筑

佛光寺曾经存在过的建筑中，最神秘的应该是石龛。

唐代早期至少有 3 部文献提到佛光寺有石龛，一部是道宣《续高僧传》"代州五台县昭果寺解脱传"载，"（解脱禅师）永徽中（650—655）卒，嶷然坐化在山窟中"；第二部是《法苑珠林》记载会赜事迹时，说他目睹"（解脱禅师）遗踪坐窟，身肉不坏，已积十年"；第三部是法藏《华严经传记》卷四载，"解脱禅师还本禅房，端然坐化，时年八十一，贞观十六年（642）也。道俗哀恸，若丧所天，即于寺内，凿龛而处，龛面西向，开咫尺双扉，至今观之，俨如生也"。虽然3部文献关于解脱禅师圆寂时间的记录不同，但关于石窟的记载可以印证，尤其是《华严经传记》的记载颇详，明指石龛是为容纳解脱禅师全身舍利而开凿，"龛面西向"的描述与佛光寺独特的朝向相符，应该不是凭空捏造。关于石龛的最晚记载，见于北宋张商英的《续清凉传》，"至

记载了张商英在1087—1089年游礼五台山的经历。

佛光寺，主僧绍仝曰：'此解脱禅师道场也，碑与龛存'。……以偈赞曰：'……东土西天无着处，佛光山下一龛存'"。此后再未见与石龛相关的资料，或许是早已被毁，或许是仍藏于黄土荒草下，这个谜团仍待进一步解开。

佛光寺曾经存在过的建筑中，规模最宏伟、装饰最华美的应该是弥勒大阁。

图二六　天津独乐寺观音阁（自摄）

弥勒大阁由法兴禅师倡导修建。据《广清凉传》载，法兴禅师“四方供利，身不主持，付嘱门人，修弥勒大阁，凡三层九间，高九十五尺，尊像庄严，靡不周备已至。七十二位圣贤、八大龙王、台山诸寺圣像，万有余尊，绘塑悉具，僧徒称赞”。这座弥勒大阁的面阔一说九间（《广清凉传》），一说七间（《宋高僧传》），无论哪一种说法更为可靠，面阔数都不少于东大殿；“高九十五尺”，约合今天的 29 米，也就是差不多 9 层楼的高度。

梁思成先生最初认为弥勒大阁位于第三层平台，东大殿“就弥勒大阁旧址建立”，随着从敦煌文献中发现了大阁与大殿在五代时期仍然并存的证据，现在一般认为大阁可能建于第二层平台。第二层平台现存的建筑均不早于明清时期，只有在香风花雨楼前的庭园中残存一个约 1 米见方的覆莲柱础，也许与那座“僧徒称赞，众口一辞”（《广清凉传》）的弥勒大阁有关。

天津独乐寺保存有建于 10 世纪后期的观音阁（图二六），阁高 3 层，通高超过 23 米，中贮十一面观音大像，像高近 16 米，可能是现存古代建筑中与弥勒大阁年代最接近、结构最相似的了，从中可以依稀想见弥勒大阁当年的辉煌壮观。

此外，金代文殊殿对面应该有一座规模相近的普贤殿，可惜今天已经无迹可寻。梁思成先生等拍摄的照片中还有一座形似碉楼的“闷楼”，现已拆毁，在文殊殿东北侧的空地依稀可见它的基址。

二、塔坪建筑群

塔坪建筑群位于佛光山建筑群西北约 1 千米处，现存建筑物主要为砖塔 4 座（图二七）。塔坪及附近地表散布大量残砖碎瓦，推测附近原本还应有其他建筑，可惜已经损毁。这群建筑距离佛光寺相对较远，以往只有崎岖小路相通，所以很容易被忽略。事实上，它们与佛光山建筑群的关系十分紧密，是佛光寺建筑遗产不可分割的组成部分。近年来，塔坪建筑群附近专门修建了登山步道，前往考察变得十分方便，当大家参观完蜚声海内外的东大殿和文殊殿等建筑之后，也不要错过这个建筑群。

（一）解脱禅师塔

解脱禅师塔是塔坪建筑群4座砖塔中年代最早的一座，也是佛光寺现存所有砖塔中最为高大的一座。当我们从 239 国道拐上直通佛光寺的柏油马路时，很快就能在左手边的山坡上看到它（图二八），虽然斑驳但依旧雄伟的塔身就像一面笔直而鲜明的旗帜，告诉我们已经进入了佛光寺的

图二七—图二八—图二九

图二八 佛光寺解脱禅师塔远景（自摄）

图二九 佛光寺解脱禅师塔（自摄）

场域。

解脱禅师塔坐北朝南（图二九），残高 14.4 米。塔基下层为石块垒砌，边长 6.5 米，本应是埋在地下的基础，因为水土流失才逐渐暴露；上层为砖砌，叠涩内收，承接塔身。塔身方形，边长 3.95、高约 5 米，南面开券门，塔心室亦为方形，高度较高，顶部形似四角攒尖。比较奇怪的是，塔心室现在的底面明显低于券门，推测塔心室原地面铺砖之下建有或怀疑建有地宫等设施，被后代盗挖破坏成现状。塔身上部做出 9 层叠涩，形成塔檐，然后反叠涩内收，承接塔刹。塔刹现存 3 层，最下层为砖雕仰莲座，之上为砖雕山花蕉叶，与大德方便和尚塔颇为相似，之上为须弥座，上部残损严重，这种层叠装饰的塔刹开金代花塔之先河。

梁思成先生等在 1937 年调查时关注到“法兴、愿诚两师均‘建塔寺西北一里’”，遗憾未能前往考察，“两师墓塔，则有待于重游名山时，再行访求瞻谒也”。这个遗憾直到 1950 年才由雁北文物勘查团弥补，他们最先调查并记录了塔坪建筑群的 4 座砖塔，认为解脱禅师塔是“内中形像最古的”“由塔的方形平面，砖面的纹样，和砌法，以及莲瓣，和山花蕉叶等表示，颇似唐塔”，因为没有铭文，他们推测“不是法兴和尚塔，便当为愿诚和尚塔”[57]。现在之所以称为“解脱禅师塔”是因为在雁北文物勘查团结束调查后不久，在砖塔附近掘得石碑一块，上有“解脱自遗……共起崇层之塔……”等内容，因此被怀疑为解脱禅师塔[58]，流传至今。

本书为方便表述延续了旧说，但对解脱禅师的解释并不认同。根据这块石碑的拓片和录文，其格式、行文等与大德方便和尚塔铭比较相似，应该同为塔铭，而且是后半部分。如果暂不考虑它可能与砖塔无关，塔铭中纪念的也不可能是解脱禅师，原因在于：首先，铭文记“（春）秋七十有二，夏腊五十余三”，与解脱禅师生平不符，据《华严经传记》载，解脱禅师圆寂时 81 岁，他的出家时间有文献称 7 岁，则夏腊 74 年；其次，铭文中出现了三个时间——“□□元年十二月二日”“四年五月六日”及“长庆四年五月十九日”，第二个是安塔时间，年号从前省略，说明从筹建到完工大概经历了两年多，第三个是刻铭时间，略晚于安塔时间，可以帮助我们确定前面的年号，由此推知砖塔是纪念一位圆寂于长庆元年（821）的高僧；最后，铭文中的“解脱自遗”中的“解脱”应该就是佛教一般意义上的“解脱”，而不是特指解脱禅师。

（二）杲公和尚塔等三塔

塔坪建筑群中有2座金代砖砌花塔，其中距离解脱禅师塔较近的一座，在塔身嵌有碑铭“杲公唯识戒师和尚预修之塔”，一般称为“杲公和尚塔”；距离较远的一座塔身上也有砖铭，可惜字迹被凿毁，我们姑且称之为“小花塔”。所谓“花塔”，也称“华塔”，是在塔刹上装饰层叠的莲瓣，并密布佛龛或雕塑天王、力士及狮、象等佛教题材的一种佛塔形式，在宋、辽、金时期最为流行，如河北正定广惠寺华塔等。佛光寺及周边地区的金代砖塔一般都采用花塔造型。

杲公和尚塔残高约5米（图三〇），平面形制为六边形，除了花塔标志性的塔刹以外，塔身上嵌有多块塔铭，檐部有繁缛的仿木砖雕，尤其是阑额部分雕刻着精美的花卉、卷草等纹饰，使得这座塔在金代花塔中可以算作“精品”。塔铭记载立石于金泰和五年（1205），距今也已有800多年。耐人寻味的是，细读塔铭竟然没有出现“佛光寺”3个字，领头的智琳头衔为“现住持佛殿院常□寺主”，这里的“佛殿院”可能就是佛光山建筑群在当时的别称。在距离佛光寺不远的古竹林寺附近也有1座金代花塔——嵩公和尚塔，

图三〇 佛光寺杲公和尚塔（自摄）

在塔铭中附记了嵩公弟子永正的事迹，一处作“管句佛光寺”，一处又作“众诣充佛殿院主”，考查文义，应该指的是同一件事，证明佛光寺在金代确实又称“佛殿院”。

小花塔的形制、装饰等都与杲公和尚塔十分相似，只是规模较小，年代可能也与杲公和尚塔相去不远。

解脱禅师塔前还有 1 座略显瘦高的二层砖塔，残高约 6 米，平面六边形，塔身上也有较为精美的仿木砖雕等，年代一般认为是明代。

根据文献记载，佛光寺唐代高僧法兴、行严、愿诚等明确在寺西或西北一里建塔，分别是大和二年（828）、大中三年（849）和光启三年（887），乘方可能亦是如此。塔坪周边现在仅存一座唐塔——解脱禅师塔，而且还无法与上述记载对应，说明周边区域应该还有很多座唐代以来的古塔遗迹有待寻找。

三、经幢碑刻

佛光寺保存有大量珍贵的石质文物，比较重要的有经幢3座、碑刻数十通以及经幢构件、石雕残块、石质建筑构件等。

3座经幢中最有名的是唐大中十一年幢（图三一），它也是三座经幢中年代最早的1座。经幢位于东大殿西侧，通高3.24米，青石质，最底部为方形土衬石，之上为八边形幢座，每边浅浮雕壸门，门内雕异兽，之上为仰覆莲须弥座，束腰部分饰六只卧狮，栩栩如生；须弥座上承第一级幢身，八面均刻满铭文，首面题“奉为　国及法界众生造佛顶陀罗尼幢”，尾面为题名，既有“大中十一年（857）”的纪年，也有“佛殿主愿诚”“佛殿主宁公遇”的题名，为判断东大殿的年代提供了关键证据；第一级幢身上覆宝盖，八面均浅浮雕缨络、流苏以及龟背纹等；宝盖上为第二级幢身，四面浅浮雕佛像，另外四面也有线刻的造像；第二级幢身上还应有其他构件，至今无存。

唐乾符四年幢比大中十一年幢晚了整整20年（图三二），位于文殊殿南侧，通高4.9米，亦为青石质，形制、内容与大中十一年幢类似，幢刹保存更为完整，由屋盖、山花蕉叶、仰莲及摩尼宝珠等构成。值得注意的细节位于仰覆莲须弥座的束腰部分，每面浅

图三一
佛光寺大中十一年幢（自摄）

图三二
佛光寺乾符四年幢（自摄）

图三三
佛光寺正统九年幢（自摄）

图三四
没故和尚佛经幢拓片（李小龙、韩炳华《五台佛光寺塔坪新发现唐"没故和尚"经幢研究》）

图三一 | 图三四

浮雕 1 身伎乐天，姿势不同，乐器各异。

正统九年幢位于祖师塔旁边（图三三），是 3 座经幢中最高的一座，通高 5.7 米，也是时代最晚的一座，立于明正统九年（1444）。

2022 年 7 月，佛光寺保护利用设施建设项目施工方在对塔坪步道进行拓宽作业时，于杲公和尚塔东南约 35 米处，新发现 1 件经幢构件（图三四）。此构件为经幢幢身，八边形，首面题额为“奉为没故和尚造佛顶陀罗尼经幢”。遗憾的是，因为经幢多面残损严重，我们目前还不知道这位“没故和尚”的法号，他圆寂于大和五年（831），门人玄鉴等于“会昌二年（842）□月十六日建造幢毕”[59]，比上文提及的大中十一年经幢还要早 15 年，是五台山及周边地区有明确纪年的经幢中年代最早的[60]，最难能可贵的是，经幢第二面线刻有“佛陀波利逢文殊化现”图像，亦是周边地区首见。这件幢身的复原高度为 1.6 米，超过比它年代更晚的大中十一年经幢的幢身高度，这位暂不知名的“没故和尚”应是佛光寺历史上的一位显赫人物。

根据《广清凉传》等文献记载，佛光寺名僧法兴圆寂于大和二年（828），不知是否与这位“没故和尚”有关。

佛光寺现存碑刻中年代较早、价值较高的已经在上文或多或少提及，明清以及近代碑刻数量众多，不再一一赘述，感兴趣的朋友可以参阅相关书籍[61]。

四、格局变迁

上文对佛光山和塔坪两个建筑群的主要建筑进行了较为细致的介绍，相当于为下文推演佛光寺的格局变迁介绍了“出场演员”，现在让我们由近及远、由今及古，逐步把它们拼合和串联到不同的格局之中，看看它们是“对手戏”还是“隔空戏”。

（一）清代格局

如果剔除掉新中国成立后添建的各种建筑物，佛光寺的清代格局就会显现出来。这是时代最晚近、保存最完整的历史格局，是追溯更早格局的起点。

清代格局最显著的特点是十字交叉的主、副轴线。东西向轴线是主轴线，最前（西）方是影壁和山门，之后是第一进院落，也是第一层平台，平台北侧是规模宏大的文殊殿，南侧的普贤殿在明代毁于火灾，只在靠南的位置补建了一座规模较小的伽蓝殿，大致维持了左右对称的格局；第二层平台略高于第一层平台，有现代新修的花墙将两个平台区隔，形成了第二进院落；第三层平台陡然升高，形成了台基高峻的第三进院落，东大殿位于院落中央，南北两侧对称分布着清代添建的关帝庙和万善堂。这条轴线上不仅有明清建筑，还有文殊殿、东大殿等早期建筑，说明其出现时间至少可以上溯到唐代晚期，此后历代因循，清代加以维护和完善。

与主轴线不同，南北向的副轴线可能是明清时期开创的。这条轴线局限于第二层平台，最前（南）方是森会祇园门，这是寺院的旁门，与其后的客堂围成第一进院落；轴线上的第三座建筑是厅堂（现展览室），与客堂围成第二进院落；位于轴线尽头的是香风花雨楼，楼前是第三进院落。

主、副轴线各有三进院落，在第二层平台的中庭交叉，形成了一个十字交叉的双轴线格局。主轴线以佛殿建筑为主，主要开展佛事活动，服务于普通信众；副轴线以楼堂建筑为主，主要进行日常活动，服务于僧侣居士。主、副轴线相辅相成，使佛光寺相对狭促的空间得到最大限度的利用。

文殊殿前的一通清代碑刻中，把东大殿称为“东殿”，把本来是东大殿配殿的文殊殿称为“正殿”，侧面反映了“坐北朝南”的

《佛光寺重修文殊殿碑记》，清乾隆五十八年（1793），现存于文殊殿前檐下。

建筑观念对清人影响极深，可能也正因为如此，他们才开创了南北向的副轴线。

（二）金代格局

佛光寺现存建筑中属于金代及以前的有东大殿、文殊殿等。金代工匠在营建文殊殿之前，一定仔细考察和研究了东大殿，甚至弥勒大阁在当时都有可能仍然“健在”，这些唐代的建筑杰作一定给他们留下了深刻的印象，自然会成为师法的对象。比如铺作，文殊殿和东大殿一样只用一朵补间铺作；东大殿补间铺作的第一跳华栱上使用了很有特点的翼形栱，文殊殿的柱头铺作及后檐补间铺作也在相似位置使用了形制接近的翼形栱。不仅如此，文殊殿柱头铺作中的昂嘴做批竹形，昂上的耍头也有意做成批竹形，外观上与东大殿柱头铺作的双下昂颇为类似。又比如梁架，文殊殿的前、后乳栿都效仿东大殿，采用了月梁造的做法；再比如柱础，文殊殿内的2根前内柱使用了宝装重瓣覆莲柱础，纹饰与东大殿的柱础如出一辙，只是雕刻手法不如唐代灵动。还有塑像，文殊殿的文殊菩萨等塑像在布局、造型等方面都与东大殿十分相似。如此多的相似应该不是巧合，而是建筑技术与艺术的传承，是金代工匠与前代工匠的默契，如果用一个当代词语来形容，我觉得就是“致敬”。通过“致敬”，文殊殿与东大殿等早期建筑保持了统一和传承，不同时代的建筑在新的格局中融为一体。

根据文献记载，金代除文殊殿外还修建了普贤殿、天王殿等。普贤殿的位置应与文殊殿左右对称，在明末毁于火灾，可能因为重建一座规模堪比文殊殿的大殿比较困难，废址至今空置。天王殿在清光绪年间毁于火灾，现存建筑为晚近重建，位置应与金代相差不大。再加上早已存在的东大殿，我们已经获得金代，准确地说是金天会十五年以后格局的四块“拼图”——东大殿和天王殿中轴对称，文殊殿和普贤殿围绕中轴线左右对称。这些拼图虽然已经足够管中窥豹，但是在相当于今天第二层平台的位置上仍缺少一块重要的“拼图”。唐代曾在佛光寺修建了宏伟、高大的弥勒大阁，现有文献证据表明它在五代时期仍然存在，如敦煌文献中的两条记载：

大英博物馆藏敦煌文献 MS 397《五台山行记残卷》：

（佛光寺）兼有大佛殿七间，中间三尊，两面文殊普贤菩萨。弥勒阁三层，七十二贤，万菩萨，十六罗汉。

法藏敦煌文献 3931 号写卷：

（普化）奔赴佛光寺，音乐喧天，幡华覆地。礼弥勒之大像，游涅槃之巨蓝；梵香解脱师前，虔祈于圣楼上。

前一条记载的时间约在后唐长兴二年（931），后一条约在后晋天福三年（938），与文殊殿的修建相差200余年。弥勒大阁在金代是否存在？是否位于今天的第二层平台上？这些问题仍需要继续探讨。

（三）唐代格局

佛光寺在唐代的格局也是逐渐形成的，我们将主要探讨唐代晚期的格局。会昌法难（841—846）使佛教圣地五台山受到严重冲击，佛光寺也未能置身事外，建筑倾颓，像设荒顿。直到宣宗继位以后，佛光寺才得以复兴，标志性事件就是愿诚和尚操持、宁公遇等资助的东大殿建设。东大殿位于第三层平台之上，堑山为地，筑土成基，是佛光寺现存唯一的唐代木结构建筑。根据大殿及殿前经幢的题记，现在一般认为它的建成不晚于大中十一年（857）。

东大殿在今天的佛光寺是最宏伟壮丽的殿宇、当之无愧的主角，但在它建成之初却笼罩在另外一座建筑的阴影中，也就是上文提到的弥勒大阁。这座大阁由法兴和尚主持兴建，而他圆寂于大和二年（828），大阁的建成当不晚于此，也就是说至少比东大殿早 30 年。这座建筑面阔九间（一说七间），比东大殿多出两间；共 3 层，高 95 尺，按唐代一尺约合今天 30.6 厘米计算，高约 29 米，东大殿加上第三层平台的高度才勉强与其相当。在阁、殿并存的时代，如果站在大阁之前，无论上下还是左右都无法看到东大殿，它确确实实地被笼罩在阴影之中。

比弥勒大阁再早的建筑，我们现在知道的主要是多座砖塔。佛光山现存的祖师塔（唐代早期）、无垢净光塔（天宝四载，745）、大德方便和尚塔（贞元十一年，795）等普遍略早，塔坪现存最早的解脱禅师塔（长庆四年，824）以及文献记载中的其他建于寺西或西北的唐代高僧塔普遍略晚，说明塔坪作为建筑区大概就是在 8、9 世纪之交，也就是中、晚唐之际才被开发出来的。

我们之前分析过，祖师塔的选址代表着佛光山开发的一个阶段，无垢净光塔等的选址代表着开发进入下一个阶段，而到了 8、9 世纪之交，佛光山可能已经难以再寻找到适合建塔的空间，不得不在寺外重新选址，使佛光寺的格局由“塔寺邻居（前寺后塔）”变成了“塔寺遥对（东寺西塔）”。塔坪作为专门建塔的建筑区，具有足够宽广的建筑空间，所以才会一直沿用到金代乃至明清时期。

佛光寺在漫长的时光中，一直处于发展与变化之中。每一个较为稳定的格局，都可以理解为贯彻当代规划理念与利用过去建筑遗产的平衡；每一次成功的平衡，都可以理解为连接古今的接力与传承。正因为如此，佛光寺才能千古长存、价值隽永。

第四章　佛光·世界

保护传承

唐风·新唐风

佛风遗韵

1944 年，当梁思成先生以隽永文笔和精准画笔描述和记录佛光寺时，他其实处于深深的担忧之中，“今晋省沦陷已七年，豆村曾为敌寇进攻台怀据点。名刹存亡，已在未知之数。吾人对此唐代木建孤例之揣惧忧惶，又宁能自已”“佛光寺大殿若能经此亘古浩劫而幸存，则我先民遗物之大幸也。谨为默祷，遥祝健存”。

梁思成先生当时不会想到，佛光寺不仅在战火之中安然无恙地幸存下来，而且在 65 年以后，成为了全世界人民的共同遗产。2009 年，在西班牙塞维利亚举行的第 33 届世界遗产大会上，五台山被正式列入《世界遗产名录》，佛光寺是其突出价值点之一。

今天的佛光寺，不仅是山西的，更是中国的，还是世界的。

一、保护传承

梁思成先生等在发现佛光寺时已经开始考虑保护的问题，从他们拍摄的照片来看，各座大殿都存在不同程度的病害，尤以文殊殿的病害最为严重，所以“工作初竟，曾驰书太原赵次陇先生，详陈寺之珍罕，敦促计划永久保护办法”。“赵次陇先生”即赵戴文，是民国时期的著名人物，他长期辅佐阎锡山主政山西，1936 年 5 月接任了山西省政府主席之职。不仅如此，他出生于五台县东冶镇，以“清凉山人”自号，且对佛教颇有研究，对五台山及相关事务自然热心。梁思成先生致信他可谓找对了人。遗憾的是时机不对，随着“卢沟桥事变”的爆发，华北大部分地区被卷入战火，梁思成先生举家颠沛南徙，赵戴文先生积极投身抗日，在 1943 年底不幸病逝于克难坡，佛光寺的保护工作也被拖延下来。

在抗日战争和解放战争中，梁思成先生一直挂念着佛光寺。据罗哲文先生回忆，1944 年中美盟军准备反攻敌占区的时候，梁思成先生时任国民政府战区文物保护委员会副主任，他在反攻轰炸时需要保护的文物名单中，把佛光寺列为最重要的保护对象之一。在 1948 年底，梁思成先生在为解放军编写的《全国重要建筑文物简目》中又把佛光寺列入最为重要的一项，要求在解放战争中注意保护。

中华人民共和国的成立让佛光寺的保护终于步入正轨。1950 年 7 月，雁北文物勘查团成立[62]，这是新中国成立以来“第一次组织的规模较大的一个关于文物的实地调查研究的工作团体”（郑振铎），确认佛光寺、应县木塔等重要古建筑的保存现状，提出具有针对性的修缮计划是勘察团的重要目的之一。8 月 18—23 日，勘察团在佛光寺考察，在所有考察地点中停留时间最长，考察中发现东大殿“尚且没有大病”，文殊殿“年久失修，残破情况十分严重”，提出了“抢修文殊殿，和正殿，至少办到使建筑不漏雨，不受山洪侵袭”的意见。

文殊殿的修缮很快就提上了议事日程。1951 年，国家拨付了维修文殊殿的专款。1952 年（一说 1953 年），对文殊殿进行了落架大修，并对周围环境进行了整饬。

1953 年，佛光寺古迹保养所正式成立，从此有了专业化的保

到今天演变为“佛光寺南禅寺保护利用部”，隶属于山西省古建筑与彩塑壁画保护研究院。

护和管理机构。佛光寺从此由寺院变成了文物保护单位，掌管佛光寺的不再是僧侣而是专业人员。

1954 年，国家又拨款修建了山门前的石堤、甬路，并修建了周长 600 米的护寺围墙，形成了我们今天看到的佛光寺的基本面貌。

1961 年，佛光寺被列为首批全国重点文物保护单位。

1937 年至 1961 年，我们可以称之为佛光寺保护传承中的“初创阶段”，相关设施、机构和制度都经历了从无到有、由少到多、由临时到长期的过程。随着新中国文物保护制度的逐渐成熟，佛光寺的保护也步入正轨（图一）。

图一 佛光寺重点保护范围界桩（自摄）

图二 佛光寺一角（自摄）及文殊殿手绘（刘亚楠 绘）

图三 丁香掩映下的佛光寺（自摄）

1961 年至 2009 年，可以称为佛光寺保护传承中的“发展阶段”，保护设施不断得到充实，保护条件不断得到完善。

1984 年，新建了消防蓄水池 3 个，蓄水 900 立方米；同年新建了四合小院一所。

1987 年至 1989 年，修建了南围墙石坝。

1993 年，受山西省文物局委托，山西省古建筑保护研究所对文殊殿进行修复设计[63]。

2000 年至 2002 年，文殊殿进行了新中国成立以来的第二次落架大修。

2009 年以后，以五台山列入《世界遗产名录》为标志性事件，可以称为佛光寺保护传承中的“新阶段”。随着佛光寺的知名度，尤其是国际知名度越来越大，吸引的游客人数越来越多，“寂寞自如”的佛光山逐渐开始喧闹。这是我们应该为之高兴的变化，佛光寺的保护和传承工作不就是为了让更多的人看到佛光寺、爱上佛光寺吗（图二、图三）？

这样的变化也会带来挑战，一方面是孤悬在五台山外围的佛光寺在接待设施和能力方面距离世界遗产的应有水平仍有差距，游客增多使得交通不便、道路狭窄、停车空间有限、饮食场所不足等问题逐渐暴露；另一方面是对佛光寺的管理者提出了更高的业务要求，以往只需要当好“保护者”，现在还需要做好“传播者”，需要帮助每一位走近佛光寺的游客真正“走进”佛光寺，真正了解佛光寺辉煌的历史、奇绝的建筑和伟丽的艺术。

二、唐风·新唐风

1944年10月,《中国营造学社汇刊》在时隔7年后复刊,我们在上文曾反复研读的名篇——《记五台山佛光寺建筑》借此面世。如果我们今天能够找到这本在困难时期"因陋就简"印制的刊物,就会发现在佛光寺一文前面还有一篇署名"编者"的文章——《为什么研究中国建筑》,它同样是一篇不朽佳作,几乎被所有中国高校的建筑专业列为必须精读的文章。

梁思成先生正是这篇文章的作者,他开篇就写道:"研究中国建筑可以说是逆时代的工作。近年来中国生活在剧烈的变化中趋向西化,社会对于中国固有的建筑及其附艺多加以普遍的摧残。……主要城市今日已拆改逾半,芜杂可哂,充满非艺术之建筑。纯中国式之秀美或壮伟的旧市容,或破坏无遗,或仅余大略,市民毫不觉可惜。"这样的描述让我们不由惊觉,说的仿佛不是80年前,也是今天。

面对这样的严峻局面,为什么要大声疾呼对中国传统建筑的研究和保护,梁先生至少给出了两方面的理由,首先,

“中国建筑既是延续了两千余年的一种工程技术，本身已造成一个艺术系统，许多建筑物便是我们文化的表现，艺术的大宗遗产。除非我们不知尊重这古国灿烂文化，如果有复兴国家民族的决心，对我国历代文物，加以认真整理及保护时，我们便不能忽略中国建筑的研究”。其次，在梁先生看来更重要的是“创造问题”，“要能提炼旧建筑中包含的中国质素，我们需增加对旧建筑结构系统及平面部署的认识”“知己知彼，温故知新，已有科学技术的建筑师增加了本国的学识及趣味，他们的创造力量自然会在不自觉中雄厚起来。这便是研究中国建筑的最大意义”。

我们从中可以看出，梁先生所倡导的古代建筑保护绝对不是食古不化的保护，倡导的古建筑研究也绝对不是为研究而研究，而是服务于创新的保护和研究。因为只有这样，这些古代建筑才能真正地“活”下去。他是这样说的，更是这样做的。

梁先生在新中国成立以后，把平生所学投入到祖国建设之中，总是在一件件作品、一条条提案中努力追求传统与现代的平衡。这里面有太多大家耳熟能详的故事，我们仅想举一个例子——扬州鉴真大和尚纪念堂。

这座建筑曾在中日邦交正常化的过程中发挥过重要作用，真正实现了“古为今用”。梁思成先生等在 1963 年完成了方案设计（图四）。纪念堂虽然主要模仿了日本唐招提寺金堂，但梁先生等并未拘泥，认为“金堂，是以唐开元、天宝时期中国佛殿为蓝本而建造的，在总的风格上和中国现存唐代佛殿极相似。它是日本建筑，也可以说是中国建筑”[64]，所以他们在设计中改用了不少中国唐代建筑中的做法和元素。虽然文中没有具体点名“中国现存唐代佛殿”，但我们都知道，其中保存最完好、内涵最丰富以及研究最深入的无疑是佛光寺东大殿。佛光寺东大殿等现存的唐代木构建筑为我们保留了珍贵的“唐风”，梁先生等优秀的建筑师把它提炼出来，作为新鲜血液和源头活水，创造性地与现代建筑设计相结合，形成了“新唐风”。

“新唐风”只是将中国传统建筑元素运用于现代建筑设计的诸多尝试中的一种，却是颇具代表性的一种。正如曾受教于梁思成、莫宗江等先生的中国工程院院士张锦秋女士所说，“唐代建筑雄浑质朴的造型，简洁明确的构造，整体明快的色彩，特别是建筑艺术和功能、结构的高度统一，这些都与现代建筑的逻辑有着许多相通之处”“我赞成尽量吸取唐建筑的特色”[65]。她的话使我们很容易联想起林徽因等先辈们提出的建筑评价标准——“在原则上，一种

图四 鉴真大和尚纪念堂透视图（梁思成《扬州鉴真大和尚纪念堂设计方案》）

图五 陕西历史博物馆（自摄）

好建筑必含有以下三要点：实用；坚固；美观”[66]。以佛光寺东大殿为代表的唐代木构建筑，为什么能够被营造学社的先辈们由衷喜爱和特别珍视？正是因为它几乎完美地符合了上述要点，这也许就是唐代建筑最重要的“活的精神”。

张锦秋院士的很多建筑设计作品，比如陕西历史博物馆（图五）、大唐芙蓉园风景区、西安大明宫丹凤门遗址博物馆、西安博物院等现今已经被视为“新唐风”的代表作。当我们走进这些建筑的时候，不仅可以感受到实用（功能）、坚固（结构）和美观（艺术）的高度统一，更能感受到建筑与藏品、建筑风貌与时代风韵、建筑形式与精神内核的高度统一。“新唐风”显然不适用于所有的建筑，但在西安，它是最适用的。

三、佛风遗韵

佛光寺古迹保养所是山西最早成立的文物保护和管理机构之一，除了保管佛光寺的各类文物，还收集、接收了周边地区的很多文物，慢慢建立起了相对丰富的收藏。进入 21 世纪后，这些文物中的相当一部分移交给了山西博物院，大多安置在“佛风遗韵”展厅。

无垢净光塔造像群可能是其中最重要的，共包括释迦牟尼坐像 1 尊，阿难、迦叶、菩萨、天王及力士立像各 1 尊（图六）。除力士像残损严重外，其余 5 件造像均在基座上刻有铭文，其中最重要的是释迦牟尼坐像基座上的铭文，有“大唐天宝四载 / 十一月十五日博陵 / 郡陉邑县西子缕 / 村为国敬造台 / 山佛光寺无垢净 / 光塔

图六 佛光寺无垢净光塔造像群（自摄）

玉石释迦牟尼 / 佛一躯神王一□ /……”等语。这尊坐像也是造像群中最早出土的，时间大约在 1925—1928 年之间。梁思成先生等调查佛光寺时，它已陈放在东大殿，被记录在“佛殿附属艺术”的“石像”部分，“就造像技术论，其所表现乃写实性之型类，似富有个性之个人，在我国佛教艺术中，至为罕睹”“此像虽为佛像，而所表现的人的性格至为真肖”。

梁先生一度怀疑这尊坐像是由祖师塔移来，这个谜题直到 1950 年才被雁北文物勘查团破解。他们先在无垢净光塔遗址附近发现了迦叶残像和天王像，然后陆续找到力士像和阿难像，并在对遗址的清理中发现了菩萨像、迦叶头像等，用他们自己的话来说：“不想唐代的珍品，竟一网收获如此之多，可算‘不胜欣幸！’”[67] 这批造像均选用白石（铭文中称为“玉石”），也就是汉白玉，石质上乘，形象传神，雕刻细腻，工艺精湛，多尊造像上残存彩绘，色彩如新，铭文字数众多，信息丰富，可谓山西唐代石雕艺术的代表作品。

2002 年，佛光寺附近的古竹林寺遗址也发现了一批唐代白石雕像（图七），经忻州市文物管理处清理和发掘后，

塔；中间和右侧造像出土于古竹林寺）（自摄）

图八　佛光寺征集的佛经雕版（自摄）

移交给了山西博物院。这批造像共 4 件，其中保存较好的是 2 尊胁侍菩萨像，虽仅存躯干，但体态婉约，衣纹流畅，附饰华美，雕工出众，也是唐代石雕艺术中的佳作。[68] 此外，山西博物院还收藏一件文殊菩萨骑狮石像，标注为“佛光寺征集”，但据我们考证，它原本应该存于古竹林寺，是早年被移至佛光寺的。

佛光寺移交的石造像中还有 1 件石雕彩绘菩萨立像，也用白石雕刻，主尊为菩萨立像，背光的火焰纹、像座的狮子、香炉等都用黑彩、红彩描绘，颇有特点。这尊造像的年代为北朝晚期，有学者认为是北齐时期，是佛光寺移交的所有造像中年代最早的。遗憾的是，我们现在还不知道这尊造像的具体出土地点，没办法做进一步讨论。

除了石质文物以外，佛光寺还移交了大量其他文物，数量最多的是用于印刷各类书籍的雕版，总数万余块，在博物院的展厅中也展出了一部分（图八）；此外还有北宋瓷枕、清康熙御笔《般若波罗蜜多心经》等，种类丰富，洋洋大观。您在山西博物院参观时，也许在不经意之间就会发现一件从“佛光寺征集”的文物。

我们关于佛光寺的旅程即将画上句号。

正如开篇所说，佛光寺是个神奇的地方。这里不仅有古老而宏伟的建筑，每一座建筑甚至每一个建筑构件都饱含着悠久而连绵的历史和珍稀而璀璨的艺术。更难能可贵的是，这些建筑、历史和艺术紧密地胶结在一起，与周边优越而独立的自然环境共同搭建起了某种“结界”，成为了尘世的“世外桃源”和时光的“化外之地”。

我已经走访过国内外很多的古代建筑，但最回味的仍是坐在佛光寺东大殿的台基上，晒着暖阳或者等待夕阳，白云苍狗，一眼千年。这也许就是佛光寺最神奇的地方。

希望大家都有机会见证佛光寺的神奇。

附录
佛光寺周边古迹

南茹八路军总部旧址

尊胜寺

古竹林寺

法华寺

如果驱车前往五台山风景名胜区的话，各种导航软件都会毫不犹豫地帮您选择高速公路，当您驶离收费站时，距离景区大门可能只剩十几分钟的车程。

这是高效的路线，也是会错过很多美好的路线。

如果是从太原方向前往五台山，您还有另一个选择，就是从五台县下高速，改由省道、县道前往五台山。五台县城有全国重点文物保护单位广济寺，寺内还保留有唐代经幢，我们在解读南禅寺时做过介绍。离开五台县城，我们可以把佛光寺作为导航目的地，很多导航软件会推荐从县城向北，经由长原线再到豆东线的路线。

这是平坦的路线，也是平淡的路线。

佛光寺的正确打开方式，是从讲究地选择到达路线开始的。

我们应该从县城向东，沿 310 省道（长原线）翻阅阁子岭。阁子岭，也称“阁道岭”，是横亘在五台县城东边的一条大岭，是古人从南线往还五台山必须翻越的山险。日僧圆仁当年就曾途经此处，在《入唐求法巡礼行记》中写道，“当岭头有重山门楼，此乃五台南山门也”[69]。“重山门楼”早已无迹可寻，现代在此修建了钢筋混凝土结构的“山门”，2004 年还在山门附近重建了望台寺。跨越阁子岭，我们算是真正跨入了五台山的外围区域，这是我们前往五台山核心区域要经过的第一道南山门。

一、南茹八路军总部旧址

翻越阁子岭，您的眼前会出现一个环境优美、土地肥沃的山间盆地——茹村盆地，也将途经这条路线上首个全国重点文物保护单位——南茹八路军总部旧址（图一）。

旧址位于茹村乡南茹村南山脚下，共分上、下两院，

图一 南茹八路军总部旧址大门（山西省文物局）

占地面积1663平方米。下院坐东向西，四合院布局，南房是总部机要室，西房是总部政治部办公室，北房是房东居室，另有储藏室若干间。上院为四合院落，坐北向南，北房是房东居室，东房亦是居室，西房是伙房，南房有正房五间、耳房二间：正房的中间三间是总部办公室，东侧间是朱德夫妇的居室，西侧间是彭德怀的居室，西耳房是任弼时的居室，东耳房是警卫室。

1937年9月中旬，八路军总部进驻南茹村，驻留约40天，虽然时间较短，但全面抗战初期的很多重要事件，比如平型关战役、夜袭阳明堡飞机场等都是在此组织和指挥的，在我党我军历史上留下了光辉的印记。

二、尊胜寺

离开南茹八路军总部旧址，从 310 省道换成 311 省道，道路折而向北，另一道大岭出现在前方——虒阳岭（又称“思阳岭”）。它是下一道必须翻越的山险，也是我们将要经过的第二道南山门。

虒阳岭的名气比阁子岭更大，今天在佛教寺院中十分常见的佛顶尊胜陀罗尼幢就与此地关系密切。圆仁当年记载，“到思阳岭——昔仪凤元年，西天梵僧佛陀波利来到此处，雨泪遥礼台山，感得大圣化为老人，约令却回天竺取佛顶之处。今见建宝幢，幢上著佛顶陀罗尼及序，便题波利遇老人之事”[70]。当年的“宝幢”早已不复存在，但在岭旁的尊胜寺内保存有北宋天圣四年（1026）佛顶尊胜陀罗尼幢 1 座，虽然比佛光寺的经幢年代略晚，但在体量、艺术性和保存状况等方面略胜一筹。这座经幢附近还有民国二十二年（1933）仿建的石经幢 1 座，相映成辉（图二）。

尊胜寺也是全国重点文物保护单位（图三），据清康熙廿四年（1685）碑文记载，初名“翠岩山院”，后改名“善

图二 尊胜寺经幢（自摄）

图三 尊胜寺（自摄）

图二—图三

住阁院”，北宋天圣四年（1026）重建，称“真容禅院”，明万历年间（1573—1620）改称“尊胜寺”，现存建筑主要是民国十一年(1922)以后重建。寺院坐北向南，依山而建，占地3.23万平方米，共有殿堂277间，中轴线上自南而北依次为天王殿、大雄宝殿、三佛殿、藏经楼、二十四诸天殿、五方文殊殿及万藏塔。万藏塔位于寺院最高处，周围环绕三十三洞天围廊，塔身平面形状为十二边形，共9层，第一至五层可以登临。

往还五台山的古道就从尊胜寺门前通过，古道上建有多座门阁、牌坊等。按照走向台怀的方向，我们首先会经过尊胜寺南边的五峰咽喉阁，然后走过尊胜寺庙门，庙门对面有一座仿木砖石雕门楼，匾书“三摩地”，与庙门夹道而立。再往前走，一座仿木砖石雕门楼当道而立，西面匾书“清净福地”，东面匾书“名山觉路”。继续往前走，有一座与五峰咽喉阁相呼应的清凉化境阁，北面匾书“清凉化境”，旁边还有一座面阔五间的砖雕影壁。从清凉化境阁下的门洞走出，眼前豁然开朗，又一个风光秀美的小盆地——豆村盆地出现在眼前。我们就此翻越了五台山的第二重南山门。

尊胜寺前的这段古道虽然只有数百米，但是风景优美，古迹林立，更无人车嘈杂，是五台山古代道路系统中保存最好、也最适合徒步体验的一段。

三、古竹林寺

从尊胜寺顺着 S311 省道下山会直达豆村镇，佛光寺也就在咫尺之间了。除了已经详细介绍的佛光寺，佛光山北麓还有一座值得一提的寺庙——古竹林寺（图四）。

古竹林寺遗址位于佛光寺东北约 1.5 千米的山坳中，创建时间不晚于唐代，与大力倡导五会念佛法门的净土宗四祖——法照禅师关系密切。1998 年，寺院得以重建，题额“竹林寺”，现为一进院落，寺内存明、清碑刻 2 通，尤其是明代碑刻详细记录了法照禅师的相关事迹，值得一读。寺院附近在 2002 年曾出土唐代白石造像，我们上文曾经提到，现已移交山西博物院。寺后有新建的文殊阁，阁内崖壁上有一条深深的裂隙，相传是文殊菩萨化现之所。

古竹林寺前的山坡上现存砖石塔 3 座，其中最重要的是嵩公大师塔（图五）。这座塔的大小、形制等几乎与杲公和尚塔完全相同，都是典型的金代花塔，建于金皇统五年（1145），年代比杲公和尚塔早 60 年。塔身上镶嵌的砖雕也更为精美，依稀可辨一佛二弟子、天王等题材。另外 2

图四 古竹林寺（自摄）

图五 古竹林寺嵩公大师塔（自摄）

图四——图五

座塔为现代重建，有趣的是它们的名字，分别叫“狗塔”和“驴塔”。至于为什么叫这么奇怪的塔名，就留给大家去亲自寻访吧。

四、法华寺

法华寺，又称“法花寺”，在豆村镇法华村东北约 1 千米处，日僧圆仁当年的记录较为详细，“重阁于峻崖上建立。四方崖面尽是花楼宝殿，任地高低，堂舍比栉。经像宝物，绝妙难言”[71]。从这些记述来看，法华寺是典型的山地寺庙，今天的寺院虽已不存早期的建筑，但选址仍保持着山地寺庙的特点，需要沿盘山公路一路上山才能到达（图六）。

现存建筑多为民国以后重建，其中最古老的建筑应该是大华严经塔，据说建于北宋时期，因为现代重修，已经难以看出北宋建筑的风貌，在塔内嵌有一块名为“梁朝志公菩萨十二时歌”的石碑，落款北宋“元祐四年（1089）”，是寺内现存最早的碑刻。寺内还有一座模仿佛光寺东大殿而建的大型殿堂，可惜的是施工多年，一直没有彻底完工。此外，寺内还散布大量莲花纹柱础等石构件，从中可以想见寺院当年的盛况。

前往法华寺会先路过法华村，村子北侧的山坡上保存有 3 座六边形砖塔，大小、形制与杲公和尚塔比较相似，应该也属于金代，因为塔身上未使用斗栱等仿木砖雕，年代可能更早。顺着盘山公路

图六 法华寺远景（自摄）

图七

上行，快到法华寺时路边有条分叉的小路，步行前进的话能看到另一群砖石塔，其中保存较好的一座是六边形砖塔，券门嵌有线刻团花的石门额，塔身也没有使用斗栱等仿木砖雕，推测年代可能是北宋时期。附近还有已经倾颓的砖塔多座，有的经过现代重修，还有当代新修的僧人墓塔等（图七）。

圆仁在到达法华寺的前一站是灵境寺。这座寺院至今犹存，可惜只剩下了清代以来的建筑，周边的自然环境优美，有时间的朋友可以前往寻访。从法华寺前往灵境寺的公路比较曲折，需要花费不少时间。

离开法华寺以后，我们可以驶上前往台怀镇的旅游公路，公路修建在柳院沟之中，路况很好，而且车辆较少，路边是一个又一个恬静的村庄以及点缀其间的寺庙和佛塔。随着道路的前进，地势渐高，周围的自然风貌也开始由山谷树林向山顶草甸过渡，笔直的道路也变得如蛇盘曲，车窗外的景色由茂密的林木变成了层叠的青山。我们开始翻越走进五台山核心区域之前的最后一道大岭——金阁岭了，金阁寺就在它的最高处等待着我们。

注释：

[1] 罗哲文：《序》，张映莹、李彦主编《五台山佛光寺》，文物出版社，2010。

[2] 梁思成：《记五台山佛光寺建筑》，《中国营造学社汇刊》第 7 卷 1 期，第 13—61 页；梁思成：《记五台山佛光寺建筑（续）》，《中国营造学社汇刊》第 7 卷 2 期，第 1—20 页。梁思成先生与佛光寺有关的文字，凡引自这两篇文献的，下文不再另注。

[3] 张映莹、李彦主编：《五台山佛光寺》，文物出版社，2010，第 46 页。

[4] 严耕望：《魏晋南北朝佛教地理稿》，上海古籍出版社，2007，第 254—255 页。

[5]〔日〕圆仁著；白化文、李鼎霞、徐德楠校注：《入唐求法巡礼行记校注》，中华书局，2019，第 290—307 页。

[6] 赵声良主编：《敦煌壁画五台山图》，江苏凤凰美术出版社，2018；邹清泉：《敦煌壁画 < 五台山图 > 新考——以莫高窟第 61 窟为中心》，《中国国家博物馆馆刊》2014 年 2 期，第 77—93 页。

[7] 杜斗城：《敦煌五台山文献校录研究》，山西人民出版社，1991。

[8] 柴泽俊：《佛光寺》，文物出版社，1984，第 12 页。

[9]〔日〕小野玄妙述，黄子献译：《五台山记》，《铁路协会会报》1925 年 154—155 期；《五台山记（续）》，《铁路协会会报》1925 年 156—157 期。

[10] 梁思成：《正定古建筑调查纪略》，《梁思成全集（第 2 卷）》，中国建筑工业出版社，2001，第 1—38 页。

[11] 梁思成：《营造法式注释（卷上）》，中国建筑工业出版社，1982，第 8 页。

[12] 清华大学建筑设计研究院、北京清华城市规划设计研究院文化遗产保护研究所：《佛光寺东大殿建筑勘察研究报告》，文物出版社，2011，第 56 页。下文所引数据出自此书的，不再另注。

[13] 傅熹年：《中国古代建筑史（第 2 卷）：两晋、南北朝、隋唐、五代建筑》，中国建筑工业出版社，2001，第 495 页。

[14] 傅熹年：《中国古代建筑史（第 2 卷）：两晋、南北朝、隋唐、五代建筑》，中国建筑工业出版社，2001，第 380 页。

[15] 大同市上华严寺修缮工程指挥部修缮工程资料编辑委员会：《大同华严寺（上寺）》，文物出版社，2008，第 54—56 页。

[16] 梁思成、刘敦桢：《大同古建筑调查报告》，《中国营造学社汇刊》第 4 卷 3—4 期，第 1—168 页。

[17] 中国社会科学院考古研究所西安唐城工作队：《唐大明宫含元殿遗址 1995—1996 年发掘报告》，《考古学报》1997 年 3 期，第 341—438 页。

[18] 贺大龙：《山西芮城广仁王庙唐代木构大殿》，《文物》2014 年 8 期，第 69—80 页。

[19] 宿白：《中国古建筑考古》，《宿白讲稿（下）》，北京三联书店，

2021，第 77 页。
[20] 梁思成：《营造法式注释（卷上）》，中国建筑工业出版社，1982，第 158 页。
[21] 张映莹、李彦主编：《五台山佛光寺》，文物出版社，2010，第 71 页。清华大学建筑设计研究院、北京清华城市规划设计研究院文化遗产保护研究所：《佛光寺东大殿建筑勘察研究报告》，文物出版社，2011，第 40 页。
[22] 王效清主编：《中国古建筑术语辞典》，文物出版社，2007，第 251—252 页。
[23] 潘谷西：《〈营造法式〉解读》，东南大学出版社，2005，第 294—295 页。
[24] 潘谷西：《〈营造法式〉解读》，东南大学出版社，2005，第 69 页。
[25] 宿白：《中国古建筑考古》，文物出版社，2009，第 64 页。
[26] 李剑平：《中国古建筑名词图解辞典》，山西科学技术出版社，2011，第 31—32 页。
[27] 清华大学建筑设计研究院、北京清华城市规划设计研究院文化遗产保护研究所：《佛光寺东大殿建筑勘察研究报告》，文物出版社，2011，第 45 页。
[28] 梁思成：《营造法式注释（卷上）》，中国建筑工业出版社，1982，第 109 页。
[29] 梁思成：《营造法式注释（卷上）》，中国建筑工业出版社，1982，第 176 页。
[30] 林徽因：《论中国建筑之几个特征》，《中国营造学社汇刊》第 3 卷 1 期，163—179 页。
[31] 丁垚：《佛光寺东大殿的建筑彩画》，《文物》2015 年 10 期，第 70—76、85 页。
[32] 梁思成：《营造法式注释（卷上）》，中国建筑工业出版社，1982，第 89 页。
[33] 李剑平：《中国古建筑名词图解辞典》，山西科学技术出版社，2011，第 1—2 页。
[34] 梁思成：《〈营造法式〉注释》，三联书店，2013，第 317 页。
[35] 柴泽俊：《唐建佛光寺东大殿建筑形制初析》，《五台山研究》1986 年 1 期，第 17—20 页。
[36] 清华大学建筑设计研究院、北京清华城市规划设计研究院文化遗产保护研究所：《佛光寺东大殿建筑勘察研究报告》，文物出版社，2011，第 52—53 页。
[37] 张荣、王一臻、王麒、李玉敏：《南禅寺大殿重建背景、材分营造制度分析及建筑像设空间布局研究》，《建筑史学刊》2022 年 2 期，第 5—23 页。
[38] 刘敦桢主编：《中国古代建筑史（第二版）》，中国建筑工业出版社，1984，第 138 页插页。
[39] 张映莹、李彦主编：《五台山佛光寺》，文物出版社，2010，第 84 页。
[40] 清华大学建筑设计研究院、北京清华城市规划设计研究院文化遗产保护研究所：《佛光寺东大殿建筑勘察研究报告》，文物出版社，2011，第 58 页。
[41] 张映莹、李彦主编：《五台山佛光寺》，文物出版社，2010，第 117 页。下引塑像高度数据均出自此书。
[42] 崔元和：《五台山南禅寺唐代护国文殊与新样文殊造像解读》，《法音》2019 年 3 期，第 14—18 页。许栋：《唐代新样文殊造像的特征、内涵及渊源》，《中原文物》2020 年 3 期，第 120—128 页。
[43] 罗哲文：《山西五台山佛光寺大殿发现唐、五代的题记和唐代壁画》，《文物》1965 年 4 期，第 31—33 页。
[44] 郎凤岐、白焕采：《对五台县几处古建筑的补充资料和问题》，《文物参考资料》

1955 年 12 期，第 103—104 页。
[45] 陈彤:《佛光寺东大殿彩画制度探微》,王贵祥主编《中国建筑史论汇刊(第19辑)》，建筑工业出版社，2020，第 24—55 页。
[46] 李裕民：《佛光寺东大殿修建年代新考》，《五台山研究》1986 年 3 期，第 10、27 页。
[47] 张峻崚：《五台山佛光寺东大殿板门题记研究》，天津大学硕士论文，2020 年 5 月。
[48] 梁思成：《〈营造法式〉注释》，三联书店，2013，第 5 页。
[49] 陈涛：《五台山佛光寺祖师塔考》，王贵祥主编《中国建筑史论汇刊(第2辑)》，清华大学出版社，2009，第 65—80 页。
[50] 赵正之:《五台山》,中央人民政府文化部文物局《雁北文物勘查团报告》,1951，第 177—194 页。
[51] 杨晓芳、王炜：《山西五台佛光寺无垢净光塔门楣研究》，《大众考古》2023 年 6 期，第 30—40 页。
[52] 山西省古建筑保护研究所:《佛光寺》,文物出版社,1984,第 33—34 页。
[53] 滑辰龙：《佛光寺文殊殿的现状及修缮设计》，《古建园林技术》1995 年 4 期，第 33—44 页。
[54] 清华大学建筑设计研究院、北京清华城市规划设计研究院文化遗产保护研究所:《佛光寺东大殿建筑勘察研究报告》，文物出版社，2011，第 13 页。
[55] 梁思成：《中国建筑史》，百花文艺出版社，1998，第 179 页。
[56] 滑辰龙：《佛光寺文殊殿的现状及修缮设计》，《古建园林技术》1995 年 4 期，第 33—44 页。
[57] 赵正之:《五台山》,中央人民政府文化部文物局《雁北文物勘查团报告》,1951，第 177—194 页。
[58] 郎凤岐、白焕采：《对五台县几处古建筑的补充资料和问题》，《文物参考资料》1955 年 12 期，第 103—104 页。
[59] 李小龙、韩炳华：《五台佛光寺塔坪新发现唐“没故和尚”经幢研究》，《文物季刊》2023 年 3 期，第 98—103 页。
[60] 周祝英：《五台山佛顶尊胜陀罗尼经幢初探》，《五台山研究》2019 年 3 期，第 47—53 页。
[61] 张映莹、李彦主编：《五台山佛光寺》，文物出版社，2010。秦建新、赵林恩、路宁、徐翠兰点校：《五台山碑刻（4）》，三晋出版社，2017。
[62] 温玉清：《雁北文物勘查团溯往》，《建筑创作》2009 年 2 期，第 162—168 页。
[63] 滑辰龙：《佛光寺文殊殿的现状及修缮设计》，《古建园林技术》1995 年 4 期，第 33—44 页。
[64] 梁思成:《扬州鉴真大和尚纪念堂设计方案》,《建筑学报》1980 年 3 期，第 1—4 页。

[65] 张锦秋：《陕西历史博物馆设计》，《建筑学报》1991 年 9 期，第 18—24 页。
[66] 林徽因：《论中国建筑之几个特征》，《中国营造学社汇刊》第 3 卷 1 期，第 163—179 页
[67] 赵正之：《五台山》，中央人民政府文化部文物局《雁北文物勘查团报告》，1951，第 177—194 页。
[68] 郭银堂、李培林：《五台县佛光村古竹林寺出土唐代白石佛教造像》，《文物世界》2004 年 3 期，第 3—6 页。
[69]〔日〕圆仁著；白化文、李鼎霞、徐德楠校注：《入唐求法巡礼行记校注》，中华书局，2019，第 290—307 页。
[70]〔日〕圆仁著；白化文、李鼎霞、徐德楠校注：《入唐求法巡礼行记校注》，中华书局，2019，第 290—307 页。
[71]〔日〕圆仁著；白化文、李鼎霞、徐德楠校注：《入唐求法巡礼行记校注》，中华书局，2019，第 290—307 页。

图书在版编目（CIP）数据

佛光寺 / 山西省文物局编；王炜著. -- 太原：三晋出版社，2024.4（2024.9 重印）

（山西国宝故事）

ISBN 978-7-5457-2907-8

Ⅰ. ①佛… Ⅱ. ①山… ②王… Ⅲ. ①寺庙－五台县－通俗读物 Ⅳ. ① K928.75-49

中国国家版本馆 CIP 数据核字 (2024) 第 082492 号

佛光寺

编　　者：山西省文物局
著　　者：王　炜
责任编辑：任俊芳
装帧设计：我在文化工作室

出 版 者：山西出版传媒集团·三晋出版社
地　　址：太原市建设南路 21 号
电　　话：0351 － 4956036（总编室）
　　　　　0351 － 4922203（印制部）
网　　址：http://www.sjcbs.cn

经 销 者：新华书店
承 印 者：山西新华印业有限公司

开　　本：787mm × 1092mm　1/32
印　　张：8.75
字　　数：160 千字
版　　次：2024 年 4 月　第 1 版
印　　次：2024 年 9 月　第 2 次印刷
书　　号：ISBN 978-7-5457-2907-8
定　　价：57.00 元

如有印装质量问题，请与本社发行部联系　电话：0351-4922268